윈도우 10과 함께하는

초판 발행일 | 2022년 1월 10일
지은이 | 해람북스 기획팀
펴낸이 | 최용섭
총편집인 | 이준우
기획진행 | 김미경
표지디자인 | 김영리

주소 | 서울시 용산구 한남대로 11길 12, 6층
문의전화 | 02-6337-5419 팩스 02-6337-5429
홈페이지 | class.edupartner.co.kr

발행처 | (주)미래엔에듀파트너 **출판등록번호** | 제2016-000047호

ISBN 979-11-6571-165-8 13000

이 책은 저작권법에 따라 보호받는 저작물이므로 무단전재와 무단복제를 금지하며, 이 책 내용의 전부 또는 일부를 이용하려면 반드시 저작권자와 (주)미래엔에듀파트너의 서면동의를 받아야 합니다.

※ 잘못된 책은 바꾸어 드립니다.
※ 책 가격은 뒷면에 있습니다.

상담을 원하시거나 아이가 컴퓨터 수업에 참석할 수 없는 경우에 아래 연락처로 미리 연락주시기 바랍니다.

★컴퓨터 선생님 성함 : _____   ★내 자리 번호 : _____

★컴퓨터 교실 전화번호 : _____

★나의 컴교실 시간표   요일 : _____   시간 : _____

※ 학생들이 컴퓨터실에 올 때는 컴퓨터 교재와 필기도구를 꼭 챙겨서 올 수 있도록 해 주시고, 인형, 딱지, 휴대폰 등은 컴퓨터 시간에 꺼내지 않도록 지도 바랍니다.

 시간표 및 출석 확인란입니다. 꼭 확인하셔서 결석이나 지각이 없도록 협조 바랍니다.

_____ 월

월	화	수	목	금

시간표 및 출석 확인란입니다. 꼭 확인하셔서 결석이나 지각이 없도록 협조 바랍니다.

_____ 월

월	화	수	목	금

시간표 및 출석 확인란입니다. 꼭 확인하셔서 결석이나 지각이 없도록 협조 바랍니다.

_____ 월

월	화	수	목	금

나의 타자 단계

이름 : _____

⭐ 오타 수가 5개를 넘지 않는 친구는 선생님께 확인을 받은 후 다음 단계로 넘어가서 연습합니다.

자리 연습	1단계	2단계	3단계	4단계	5단계	6단계	7단계	8단계
보고하기								
안보고하기								

낱말 연습	1단계	2단계	3단계	4단계	5단계	6단계	7단계	8단계
보고하기								
안보고하기								

자리연습	1번 연습	2번 연습	3번 연습	4번 연습	5번 연습	6번 연습	7번 연습	8번 연습
10개 이상								
20개 이상								
30개 이상								

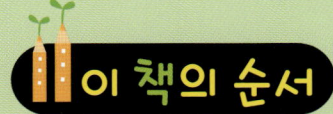

이 책의 순서

컴퓨터와 인사하기

- **01** 컴퓨터와 인사하기 ········· 6
- **02** 키보드와 친해지기 ········· 11
- **03** 바탕화면 알아보기 ········· 15
- **04** 바탕화면 변경하기 ········· 21
- **05** 테마 설정하기 ········· 25
- **06** 화면 보호기 알아보기 ········· 29
- **07** 작업 표시줄과 알림 영역 알아보기 ········· 33
- **08** 인터넷 시작하기 ········· 38
- **09** 인터넷으로 바탕화면 변경하기 ········· 42
- **10** 윈도우 창 알아보기 ········· 46
- **11** 메모장 알아보기 ········· 52
- **12** 계산기 알아보기 ········· 56
- **13** 그림판 알아보기 ········· 60
- **14** 그림판으로 그린 피자 나누기 ········· 64
- **15** 그림판 3D로 괴물 캐릭터 만들기 ········· 69
- **16** 그림판 3D로 바닷속 꾸미기 ········· 75
- 솜씨 어때요? ········· 81

01 컴퓨터와 인사하기

- 컴퓨터의 구성 장치에 대해 알아봐요.
- 마우스 사용법을 알아봐요.

미션 1 컴퓨터의 구성 장치를 알아보아요.

1 컴퓨터의 기본 장치에 대해 알아봅니다.

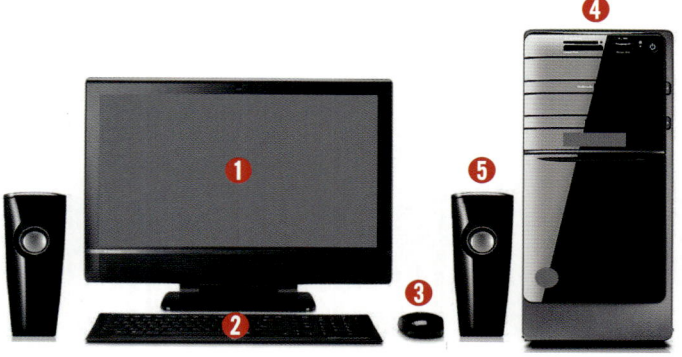

❶ **모니터(출력 장치)** : 컴퓨터에서 처리하는 모든 과정을 사용자가 확인할 수 있도록 보여주는 장치입니다.
❷ **키보드(입력 장치)** : 컴퓨터에 문자나 숫자를 입력할 때 사용하는 장치입니다.
❸ **마우스(입력 장치)** : 커서 또는 아이콘 등을 이동시키고, 버튼을 클릭하여 프로그램을 실행하는 장치입니다.
❹ **본체** : 컴퓨터를 동작하는 주요 부품들이 있는 장치입니다.
❺ **스피커** : 컴퓨터를 통해 재생되는 소리(음악)를 들을 수 있는 장치입니다.

> **TIP**
> 컴퓨터의 부팅 및 종료 순서 알아보기
> - 컴퓨터 켜기(부팅) 순서 : 모니터 → 본체
> - 컴퓨터 끄기(종료) 순서 : 본체 → 모니터

2 컴퓨터의 주변 장치에 대해 알아봅니다.

❶ 프린터　❷ 스캐너　❸ 헤드폰　❹ 화상 카메라

❶ **프린터** : 컴퓨터 모니터에 보이는 정보를 종이에 인쇄하는 출력 장치입니다.
❷ **스캐너** : 문서나 그림 같은 아날로그 자료를 복사하듯 디지털 자료로 입력받아 컴퓨터에 기록하는 장치입니다.
❸ **헤드폰** : 스피커 부분이 두 귀를 덮어 컴퓨터에서 재생되는 소리(음악)를 들을 수 있는 장치입니다.
❹ **화상 카메라** : 사용자의 모습을 모니터를 통해 확인할 수 있는 장치입니다.

미션 2 마우스 사용법을 알아보아요.

❶ 컴퓨터를 편리하게 사용하기 위해 마우스의 동작(클릭, 더블클릭, 드래그)을 이해하고 실습해 봅니다.

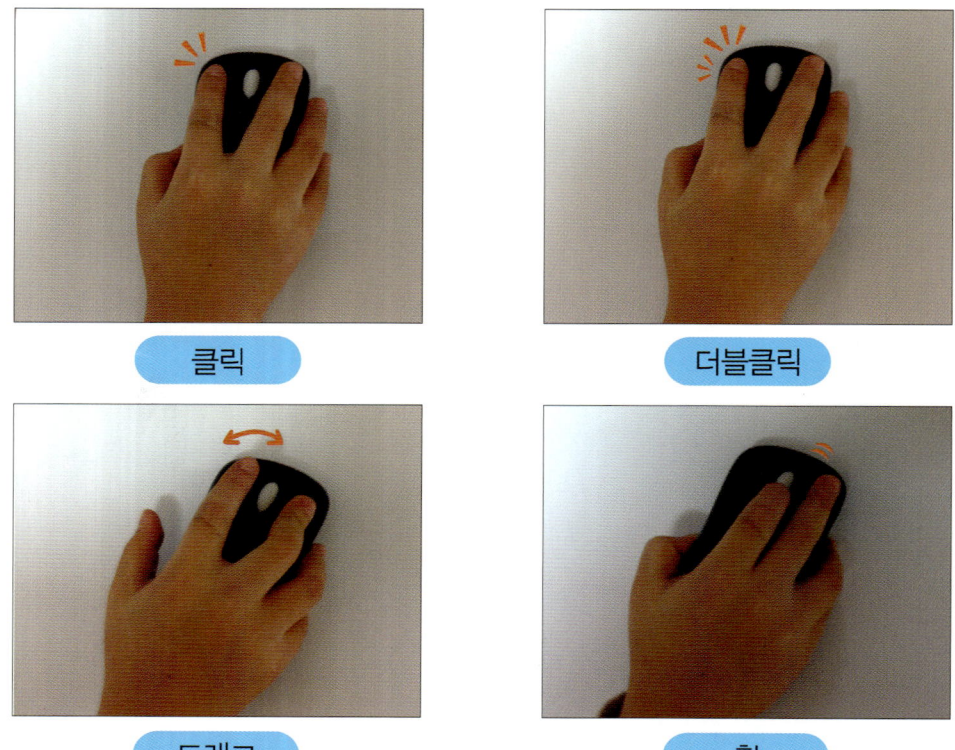

클릭   더블클릭

드래그   휠

❶ 클릭 : 마우스 왼쪽 단추를 한 번 누르는 것으로, 프로그램 또는 파일을 선택할 때 사용합니다.

❷ 더블클릭 : 마우스 왼쪽 단추를 빠르게 두 번 누르는 것으로, 프로그램을 실행할 때 사용합니다.

❸ 드래그 : 마우스 왼쪽 단추를 누른 상태로 움직이는 것으로, 아이콘 또는 파일 등을 이동시킬 때 사용합니다.

❹ 휠 : 마우스 왼쪽, 오른쪽 단추 사이에 바퀴 모양으로 생긴 것으로, 프로그램 실행 화면을 위/아래로 움직일 때 사용합니다.

 **미션 3** 배운 내용을 확인해 보아요.

❶ 다음 마우스 동작으로 알맞은 내용을 선으로 연결해 보세요.

❷ 다음 설명으로 알맞은 컴퓨터 장치의 이름을 빈칸에 적어 보세요.

> 나는 컴퓨터에서 처리하는 모든 과정을 확인할 수 있도록 보여주는 장치입니다.

나는 누구일까요?

01  혼자 할 수 있어요!

01 다음 컴퓨터 장치에 대한 설명으로 알맞은 내용을 선으로 연결해 보세요.

화상 카메라

여기에 비친 내 모습을 모니터로 볼 수 있어요.

키보드

컴퓨터의 내용을 화면에 보여줘요.

모니터

모니터에 보이는 내용을 종이에 인쇄해요.

프린터

컴퓨터에 글자를 입력해요.

02 키보드와 친해지기

학습목표
- 키보드의 기능을 알아봐요.
- 타자 연습을 해요.

 **키보드의 기능에 대해 알아보아요.**

❶ 키보드는 기본 입력 장치로, 컴퓨터에 문자나 숫자를 입력할 때 사용합니다. 또한 단축키를 이용하여 컴퓨터에 명령을 내리기도 합니다.

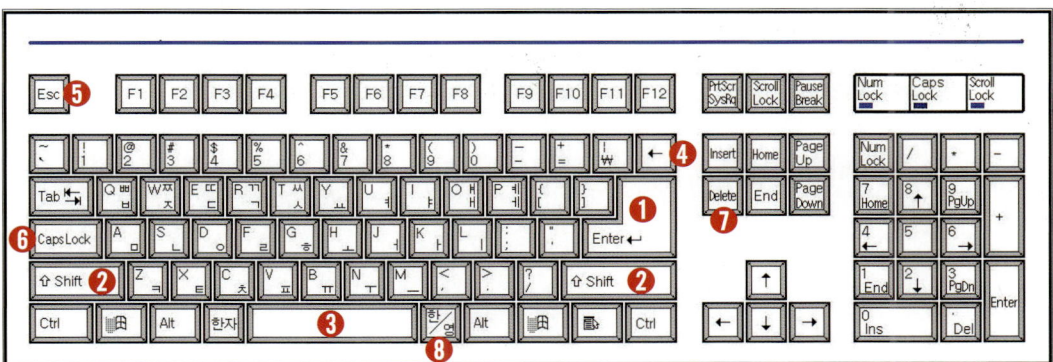

❶ `Enter` (엔터) : 명령을 실행할 때 사용합니다.
❷ `Shift` (시프트) : 키보드의 윗부분 글쇠를 입력할 때 사용합니다.
❸ `Space Bar` (스페이스 바) : 글자와 글자 사이를 띄울 때 사용합니다.
❹ `←` (백스페이스) : 커서의 왼쪽 글자를 삭제할 때 사용합니다.
❺ `Esc` (이에쓰씨) : 실행시킨 내용을 취소할 때 사용합니다.
❻ `Caps Lock` (캡스록) : 영어를 대문자 혹은 소문자로 변경할 때 사용합니다.
❼ `Delete` (딜리트) : 커서의 오른쪽 글자를 삭제할 때 사용합니다.
❽ `한/영` (한/영) : 입력 형식을 한글 또는 영어로 변경할 때 사용합니다.

미션 2 타자 연습을 해보아요.

❶ [시작(⊞)]-[한글과 컴퓨터]-[한컴 타자연습] 프로그램을 실행하여 운지법을 익히며 자리 연습을 해봅니다.

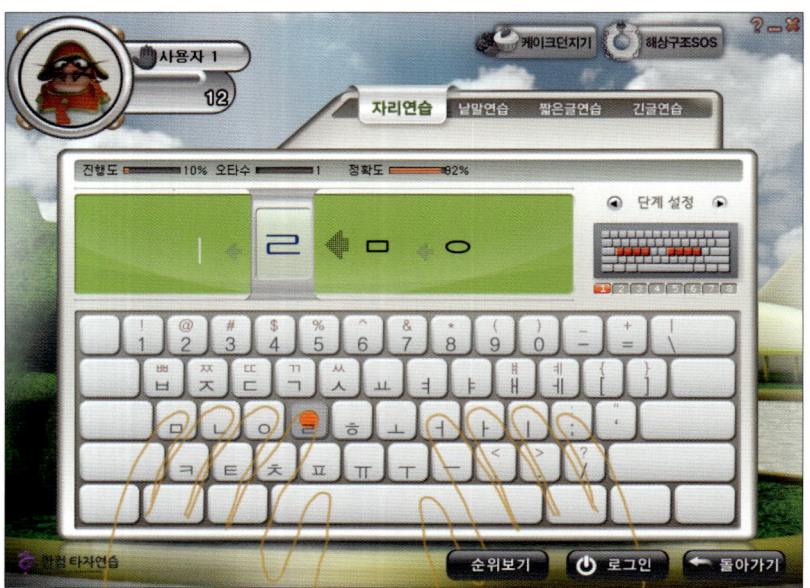

❷ [시작(⊞)]-[Windows 보조프로그램]-[메모장] 프로그램을 실행하여 친구에게 보낼 편지를 입력해 봅니다.

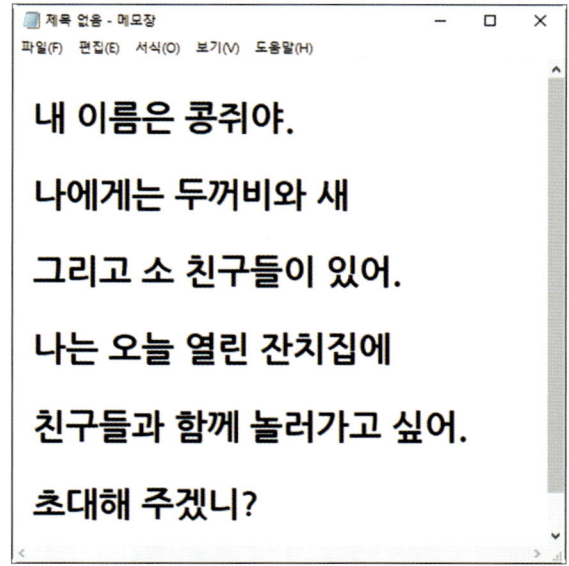

 **배운 내용을 확인해 보아요.**

1 키보드를 보고 빈칸에 들어갈 알맞은 키의 이름을 적어 보세요.

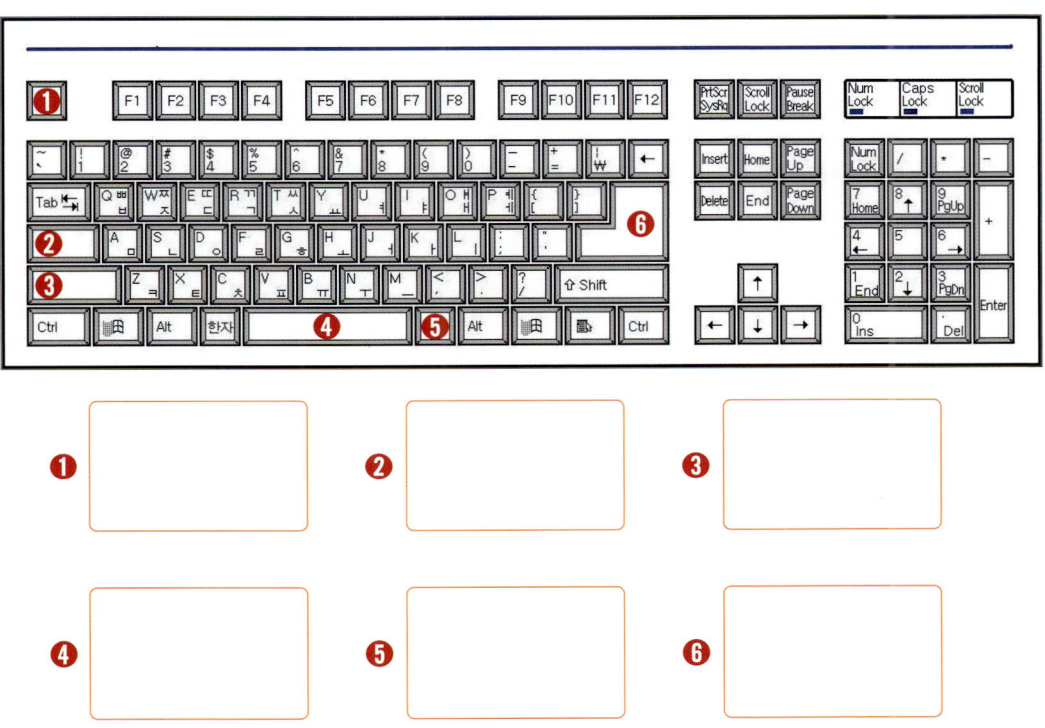

❶ ❷ ❸

❹ ❺ ❻

2 다음은 어떤 키에 대한 설명인지 빈칸에 적어 보세요.

한글의 쌍자음(ㄸ, ㅆ, ㄲ)을 입력할 때 사용해요.

답

한글을 영어로 바꾸거나 영어를 한글로 바꿀 때 사용해요.

답

혼자 할 수 있어요!

01 [메모장] 프로그램을 실행하고 선생님께서 불러 주시는 단어를 그림과 같이 입력해 보세요.

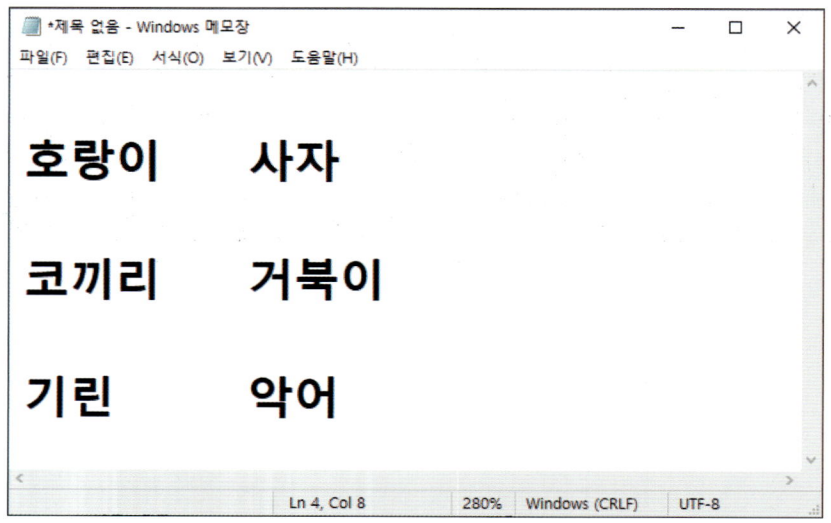

02 [한컴 타자연습] 프로그램을 실행하고 타자 게임을 해보세요.

03 바탕화면 알아보기

학습목표
- 바탕화면의 화면 구성에 대해 알아봐요.
- 바탕화면의 바로 가기 메뉴와 시작 메뉴에 대해 알아봐요.
- 바탕화면의 아이콘을 이동시켜요.

미션 1 바탕화면의 화면 구성에 대해 알아보아요.

① 컴퓨터가 실행되면 모니터 화면에 바로 보이는 것이 바탕화면입니다. 지금부터 바탕화면의 화면 구성에 대해 알아봅니다.

❶ 아이콘 : 프로그램을 표현하는 정보의 내용을 사용자가 한눈에 알아볼 수 있도록 그림으로 표시합니다.
❷ 시작 : 컴퓨터에 설치된 프로그램을 실행하거나 컴퓨터를 종료할 때 사용합니다.
❸ 빠른 실행 : 클릭 한 번으로 빠르게 프로그램을 시작할 때 사용합니다.
❹ 작업 표시줄 : 실행 중인 프로그램을 표시합니다.
❺ 알림 영역 : 현재 시간과 각종 정보를 표시합니다.

미션 2 　바탕화면의 바로 가기 메뉴에 대해 알아보아요.

① 바탕화면에서 마우스 오른쪽 단추를 클릭하면 나타나는 메뉴를 '바로 가기 메뉴'라고 합니다.

② '바로 가기 메뉴' 중 원하는 항목을 클릭하면 해당 작업이 실행되고, '바탕화면'을 클릭하면 '바로 가기 메뉴'가 사라집니다.

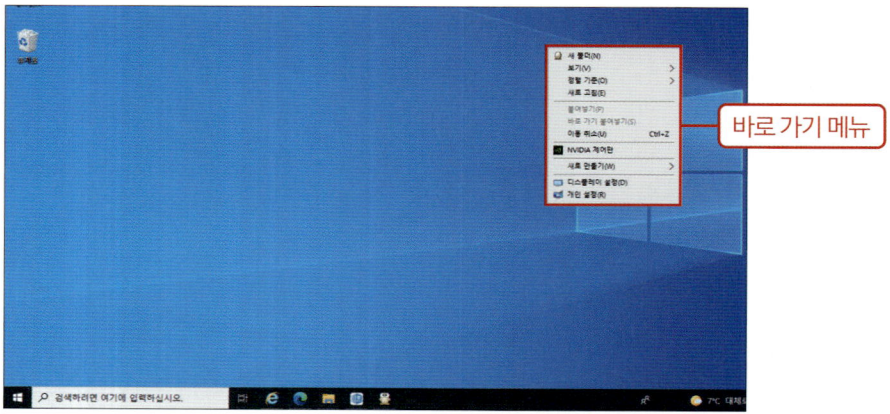

미션 3 　시작 메뉴에 대해 알아보아요.

① '시작 메뉴'는 윈도우에 설치되어 있는 프로그램을 실행하기 위해 사용합니다.

② 작업 표시줄 왼쪽 하단의 [시작(■)]을 클릭하면 시작 메뉴가 나타나며 컴퓨터 종료, 보조 프로그램, 설치된 프로그램 등을 확인할 수 있습니다.

③ 내가 원하는 프로그램을 시작 메뉴에 추가하거나 제거할 수 있습니다.

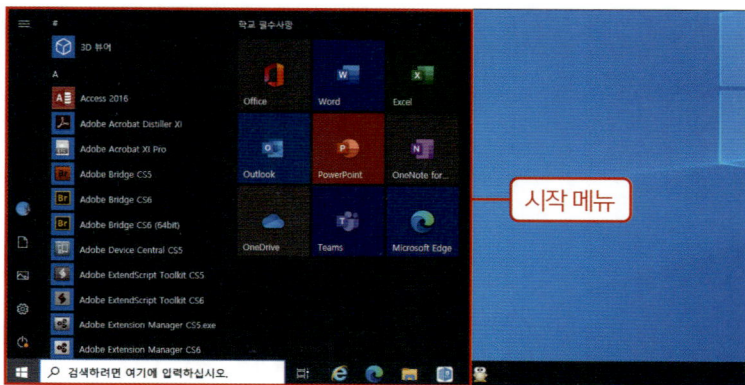

 **미션 4** 바탕화면의 아이콘과 친해져 보아요.

① 바탕화면 '바로 가기 메뉴'에서 [보기]-[아이콘 자동 정렬] 선택을 해제한 후 아이콘을 드래그하여 원하는 위치로 이동시켜 봅니다.

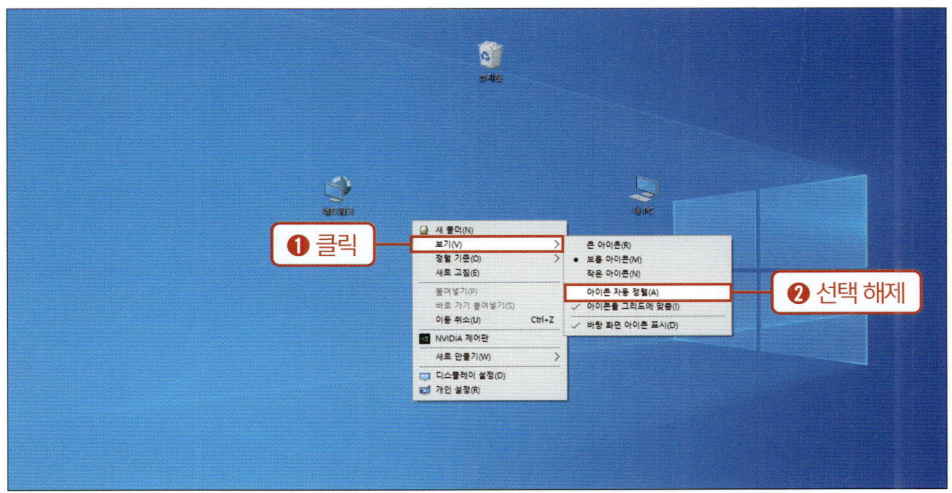

② 바탕화면 '바로 가기 메뉴'에서 [보기]-[아이콘 자동 정렬] 선택을 지정하여 아이콘의 위치가 자동으로 정렬되는 것을 확인합니다.

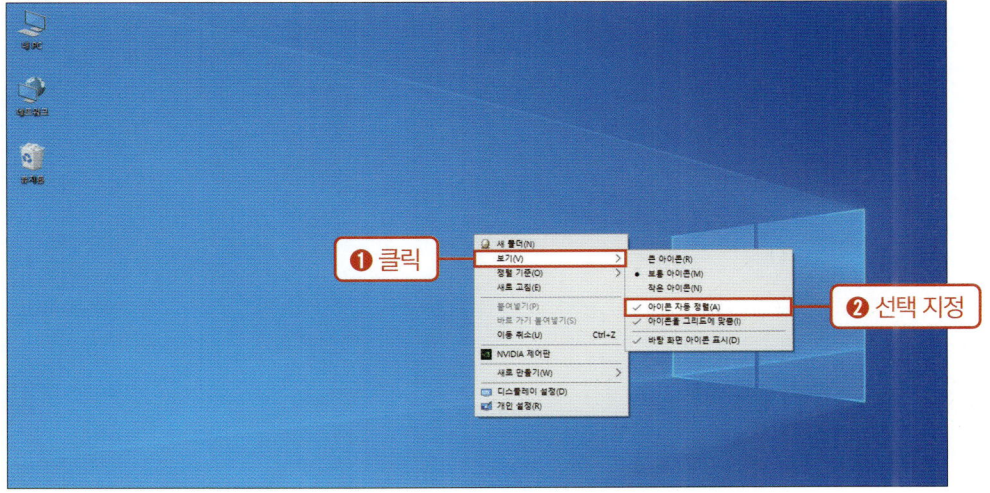

❸ 바탕화면 '바로 가기 메뉴'에서 [보기]-[바탕 화면 아이콘 표시] 선택을 해제하여 바탕화면에서 아이콘이 사라지는 것을 확인합니다.

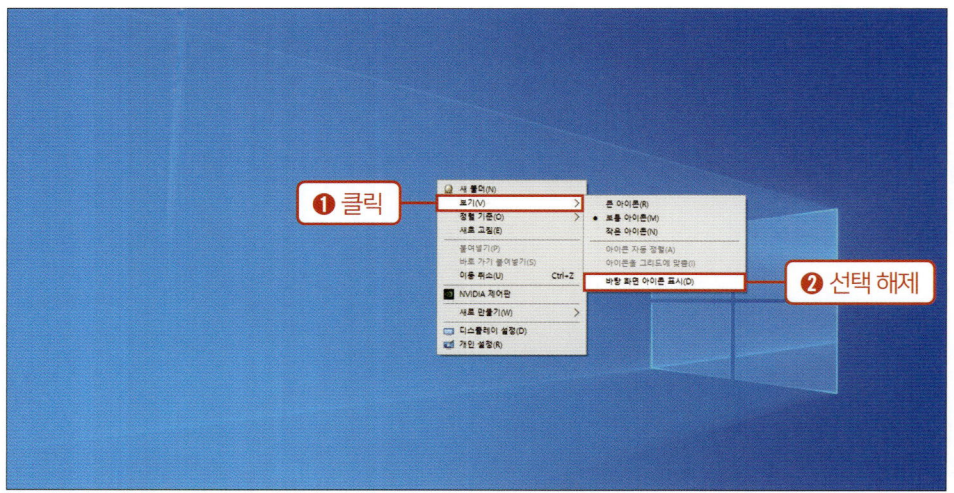

❹ 바탕화면 '바로 가기 메뉴'에서 [보기]-[바탕 화면 아이콘 표시] 선택을 지정하여 바탕화면에 아이콘이 다시 표시되는 것을 확인합니다.

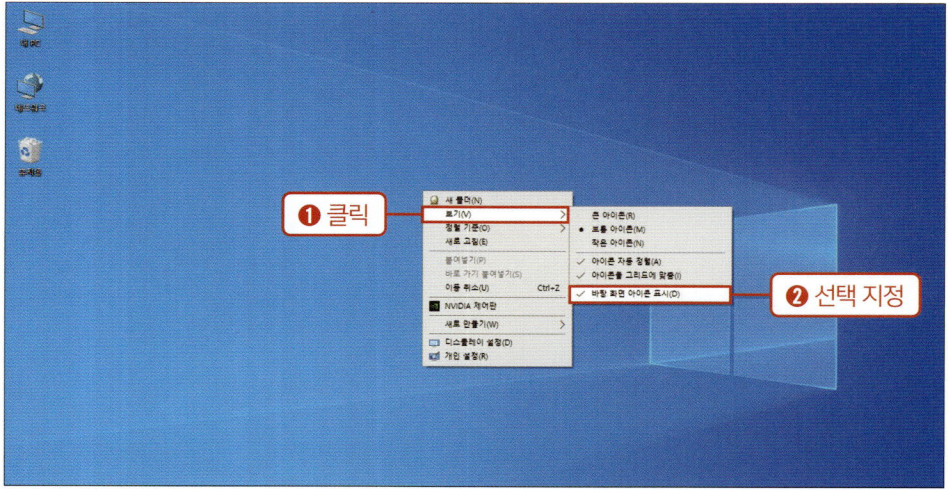

 **미션 5** 배운 내용을 확인해 보아요.

1 바탕화면에서 아이콘을 숨기려면 어떻게 해야 할까요?

① 바탕화면의 '바로 가기 메뉴'에서 [보기]–[바탕 화면 아이콘 표시] 선택을 해제합니다.
② 아이콘을 휴지통에 버립니다.
③ 아이콘을 안 보이는 곳으로 이동시킵니다.
④ 아이콘을 한 폴더에 담습니다.

2 다음 중 바탕화면에서 볼 수 없는 것은 무엇일까요?

① 아이콘
② 시작 단추
③ 키보드
④ 작업 표시줄

3 바탕화면에 대한 설명으로 옳지 않은 것은 무엇일까요?

① 바탕화면의 아이콘을 숨길 수 있습니다.
② 바탕화면의 오른쪽 하단에서 현재 시간을 알 수 있습니다.
③ 바탕화면의 아이콘 모양은 모두 같습니다.
④ 바탕화면의 그림은 컴퓨터마다 다를 수 있습니다.

  혼자 할 수 있어요!

01 그림과 같이 아이콘의 위치를 변경해 보세요.

02 바탕화면의 아이콘을 '자동 정렬'해 보세요.

04 바탕화면 변경하기

학습목표
- 바탕화면의 개인 설정 기능을 살펴봐요.
- 바탕화면의 배경 이미지를 변경해요.

미션 1 바탕화면의 개인 설정 기능을 살펴 보아요.

 바탕화면의 '바로 가기 메뉴'에서 [개인 설정]을 클릭하여 개인 설정 창을 엽니다.

❶ 배경 : 바탕화면의 배경 이미지를 변경합니다.
❷ 색 : 바탕화면의 메뉴 색상을 설정합니다.
❸ 잠금 화면 : 잠금 상태에서 나타나는 화면을 설정합니다.
❹ 테마 : 스토어에서 테마를 다운로드한 후, 배경화면을 설정합니다.
❺ 글꼴 : 윈도우에 글꼴을 추가하고 설정합니다.
❻ 시작 : 시작 메뉴의 화면 구성을 설정합니다.
❼ 작업 표시줄 : 작업 표시줄의 기능을 설정합니다.
❽ 배경화면 적용 확인 : 배경화면에 설정한 내용을 미리 보기로 확인합니다.
❾ 배경 설정 방법 : 배경화면의 표현 방법(사진, 단색, 슬라이드 쇼)을 설정합니다.
❿ 사용자 사진 선택 : 기본 이미지가 아닌 사용자가 원하는 이미지로 배경화면을 설정합니다.
⓫ 맞춤 선택 : 바탕화면의 맞춤(채우기, 맞춤, 확대, 바둑판식 배열, 가운데, 스팬) 방식을 설정합니다.

미션 2 바탕화면의 배경 이미지를 변경해 보아요.

① 바탕화면의 '바로 가기 메뉴'에서 개인 설정을 이용하여 배경 이미지를 원하는 대로 꾸며 봅니다.

1 사진으로 꾸미기

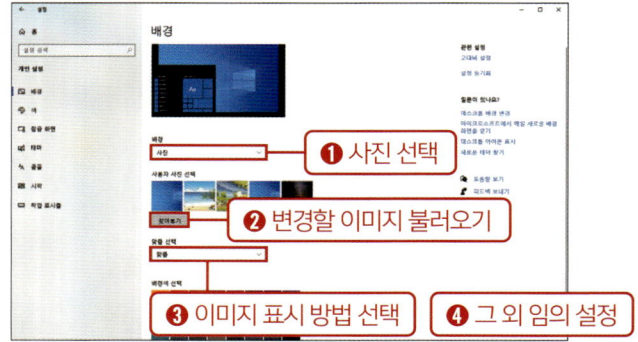

2 슬라이드 쇼로 꾸미기

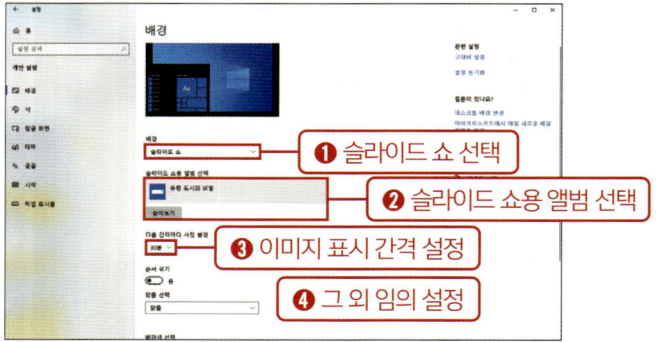

3 단색으로 꾸미기

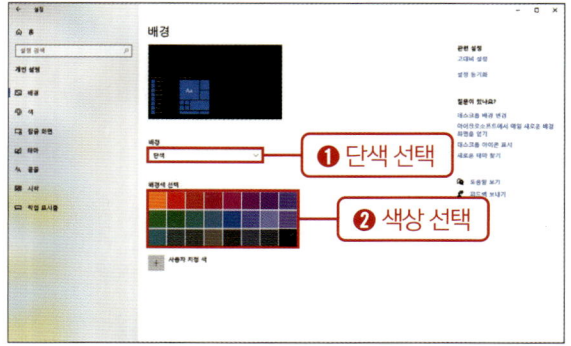

 **배운 내용을 확인해 보아요.**

1 배경 이미지를 변경할 때의 맞춤 방식 중 <u>틀린</u> 것은 무엇일까요?

① 바둑판식   ② 맞춤   ③ 확대   ④ 축소

2 배경 이미지를 변경할 때 가능한 방법을 모두 고르세요.

① 원하는 그림으로 변경이 가능해요.
② 원하는 색상으로 변경이 가능해요.
③ 여러 사진을 배경으로 설정하는 것이 가능해요.
④ 자동 색상 변경이 가능해요.

3 다음 바탕화면의 맞춤 방식으로 알맞은 내용을 선으로 연결해 보세요.

   •   •   바둑판식

   •   •   가운데

   •   •   채우기

  혼자 할 수 있어요!

• 예제 파일 : '곰.jpg', '하트.jpg'

01 그림과 같이 바탕화면의 배경을 변경해 보세요.

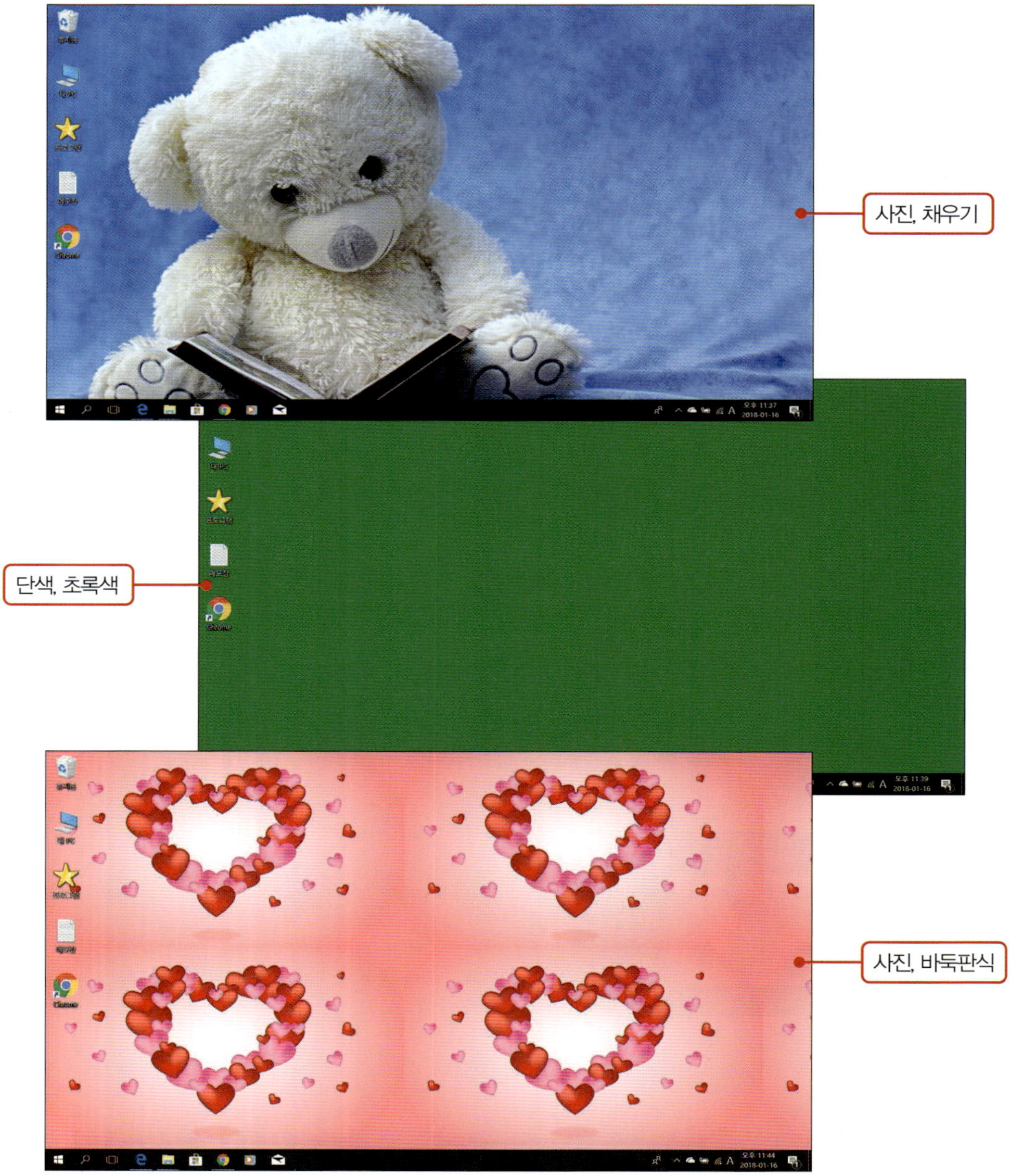

사진, 채우기

단색, 초록색

사진, 바둑판식

05 테마 설정하기

학습목표
- 테마 구성 화면을 알아봐요.
- 무료 테마로 바탕화면을 꾸며요.

미션 1 테마 구성 화면을 알아보아요.

 바탕화면 '바로 가기 메뉴'에서 개인 설정의 [테마] 메뉴를 클릭하여 화면 구성을 살펴봅니다.

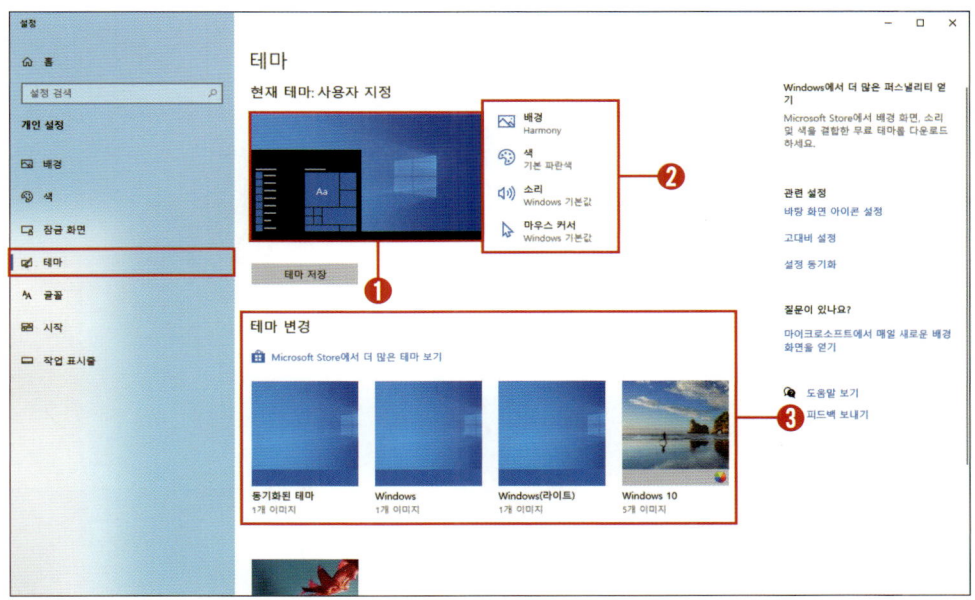

❶ 바탕화면 미리 보기 : 변경된 내용을 미리 확인할 수 있습니다.
❷ 기타 설정 : 배경 이미지와 배경색, 소리와 기본 마우스 커서 등을 설정할 수 있습니다.
❸ 테마 변경 : 스토어에서 테마를 무료로 다운로드하여 테마를 설정할 수 있습니다.

 **미션 2** 무료 테마로 바탕화면을 꾸며 보아요.

❶ 인터넷을 통해 원하는 테마를 선택하고 다운로드한 후, 바탕화면을 꾸며 봅니다.

1 스토어에서 무료 테마 다운로드하기

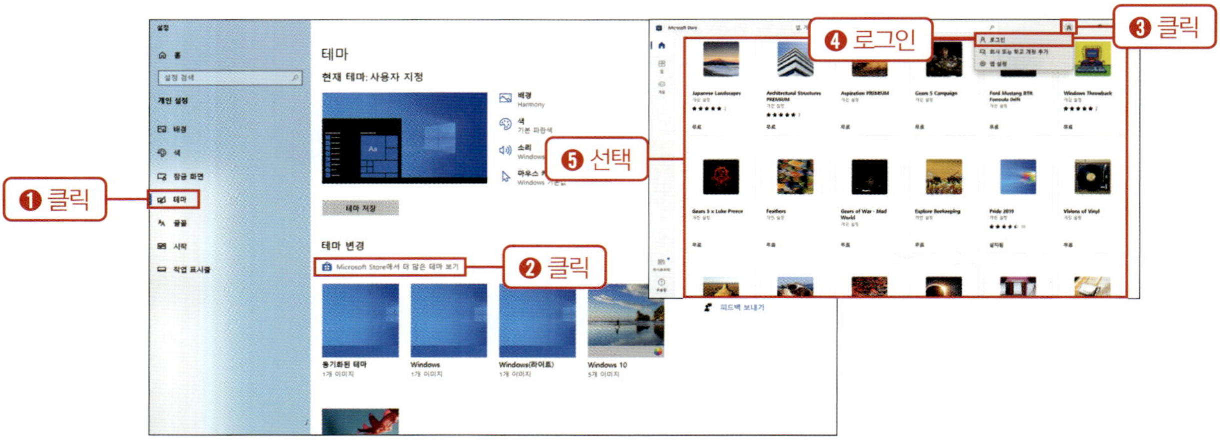

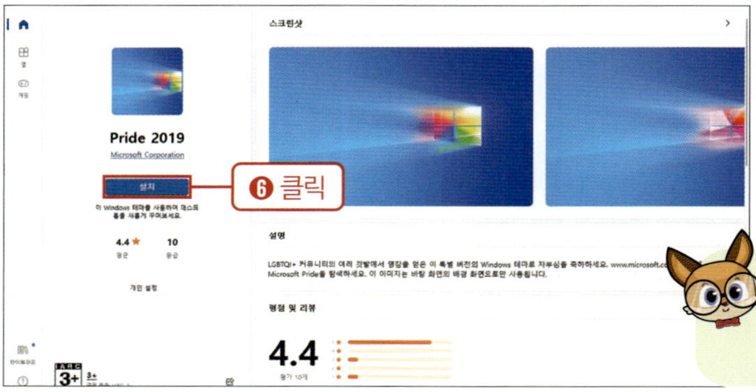

> **Tip**
> 스토어에서 무료 테마를 다운로드하려면 Microsoft 계정이 있어야 해요.

2 변경한 테마 확인하기

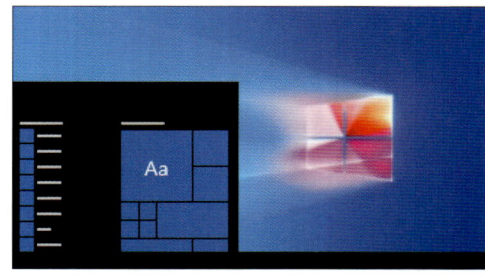
▲ 테마 창에서 미리 보기

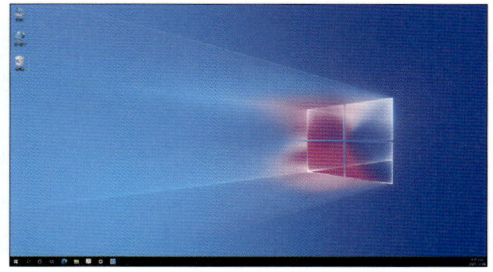
▲ 바탕화면에서 확인하기

 **미션 3** **배운 내용을 확인해 보아요.**

1 테마를 변경하기 위해 바탕화면의 '바로 가기 메뉴' 중 선택해야 하는 메뉴는 무엇일까요?

① 디스플레이 설정　　② 개인 설정
③ 보기　　　　　　　④ 새로 만들기

2 인터넷을 통해 테마를 다운로드할 때, 선택해야 하는 메뉴는 무엇일까요?

① 배경　　　　　　　② 슬라이드 쇼
③ 소리　　　　　　　④ Microsoft Store에서 더 많은 테마 보기

3 테마 설정을 통해 원하는 배경으로 변경해 보세요.

혼자 할 수 있어요!

01 테마를 다운로드한 후, 그림과 같이 바탕화면을 변경해 보세요.

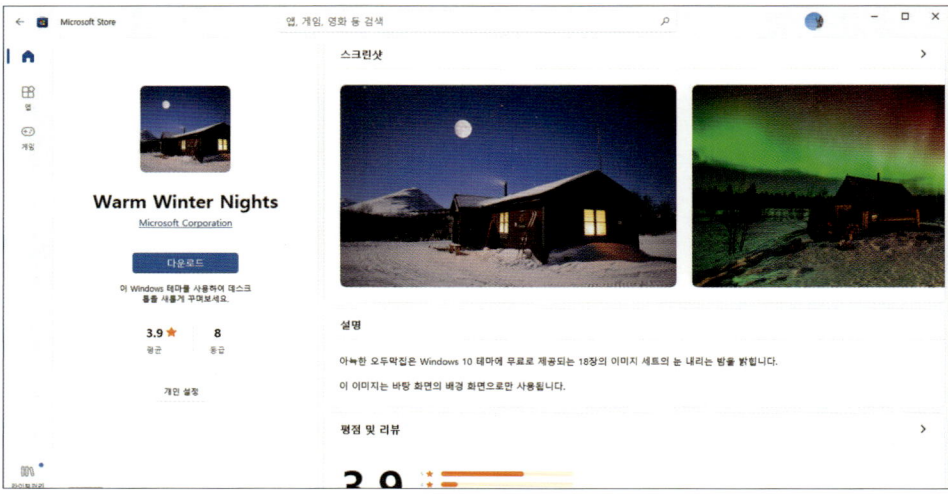

06 화면 보호기 알아보기

학습목표
- 화면 보호기의 기능을 알아봐요.
- 화면 보호기를 설정해요.

미션 1 화면 보호기의 기능을 알아보아요.

❶ 바탕화면 '바로 가기 메뉴'에서 개인 설정의 [잠금 화면]을 클릭하여 화면 보호기의 기능을 알아봅니다.

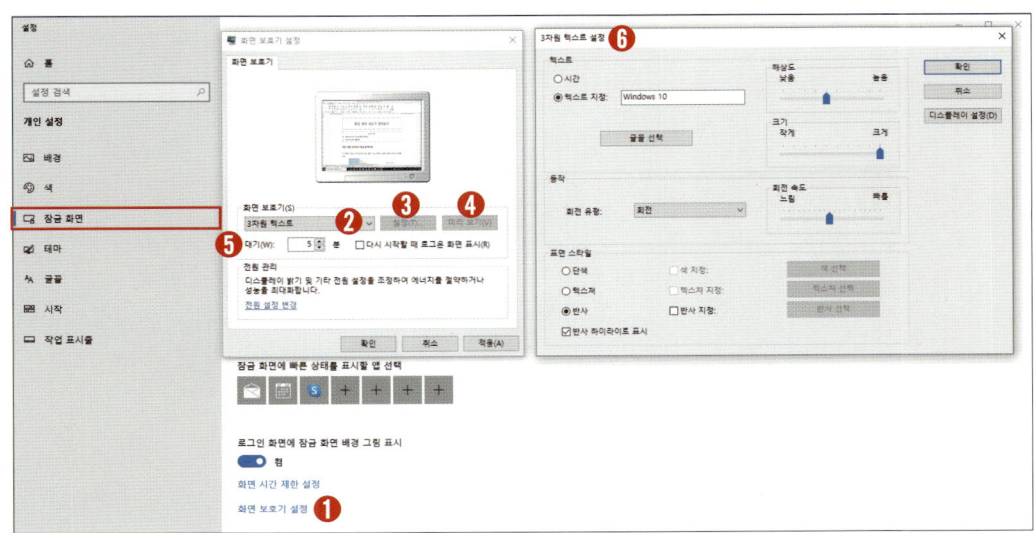

❶ 화면 보호기 설정 : 화면 보호기 설정 창을 불러옵니다.
❷ 화면 보호기 종류 : 화면 보호기로 사용할 종류를 선택합니다.
❸ 설정 : 선택한 화면 보호기의 세부 내용을 변경합니다(단, 종류에 따라 변경이 불가능 할 수도 있습니다).
❹ 미리 보기 : 선택한 화면 보호기를 적용하기 전에 미리 확인합니다.
❺ 대기 시간 : 컴퓨터를 사용하지 않은 상태에서 몇 분이 지나면 화면 보호기가 실행되도록 할지 설정합니다.
❻ 설정 화면 : 세부 내용을 설정할 수 있는 창입니다.

06 · 화면 보호기 알아보기 29

미션 2 화면 보호기를 설정해 보아요.

❶ 컴퓨터를 일정 시간 동안 사용하지 않으면 화면 보호기가 실행되도록 설정해 봅니다.

1 화면 보호기 설정하기

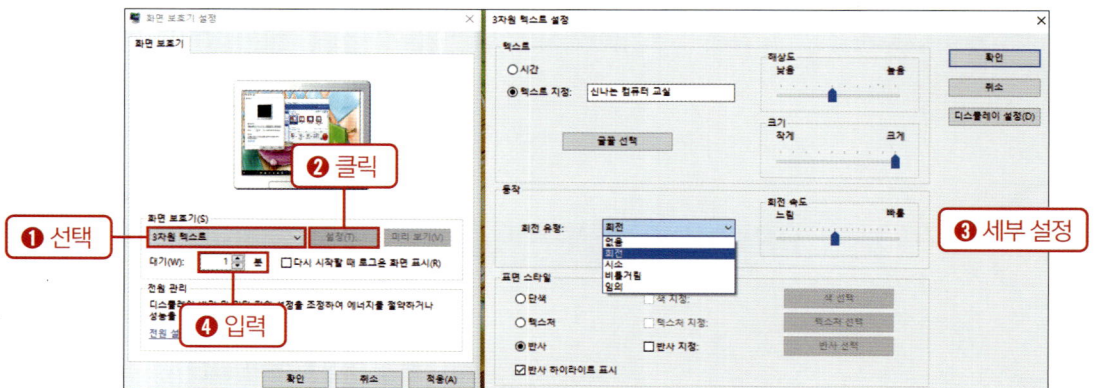

2 세부 설정 변경하기

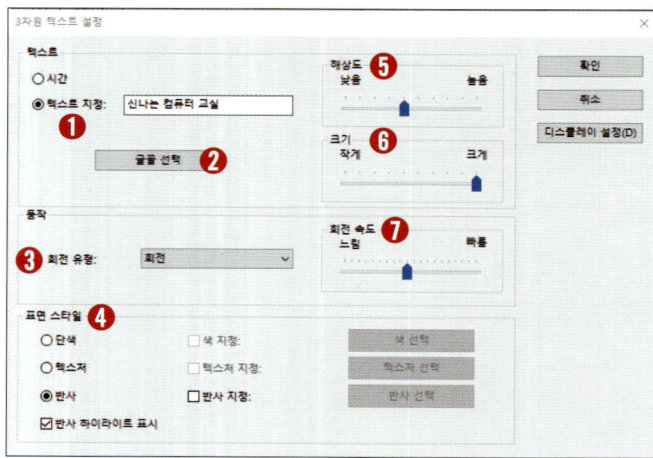

❶ 텍스트 지정 : 화면에 나타낼 문자를 입력합니다.
❷ 글꼴 선택 : 화면에 나타낼 문자의 글꼴과 글꼴 스타일을 변경합니다.
❸ 회전 유형 : 화면에서 문자를 나타내는 회전 방식을 선택합니다.
❹ 표면 스타일 : 문자 스타일을 변경합니다.
❺ 해상도 : 화면 보호기의 선명도를 설정합니다.
❻ 크기 : 문자의 크기를 설정합니다.
❼ 회전 속도 : 문자의 회전 속도를 설정합니다.

 **배운 내용을 확인해 보아요.**

1 화면 보호기는 어떤 상황에서 실행되는지 적어 보세요.

2 화면 보호기 설정 창에 있는 대기 시간은 무엇을 의미하는지 적어 보세요.

3 화면 보호기의 세부 내용을 변경하고 싶을 때 선택해야 하는 메뉴는 무엇일까요?

① 설정　　　　　　　　　② 미리보기
③ 대기　　　　　　　　　④ 적용

혼자 할 수 있어요!

01 컴퓨터를 '10분' 동안 사용하지 않을 경우, '비눗방울' 화면 보호기가 실행되도록 설정해 보세요.

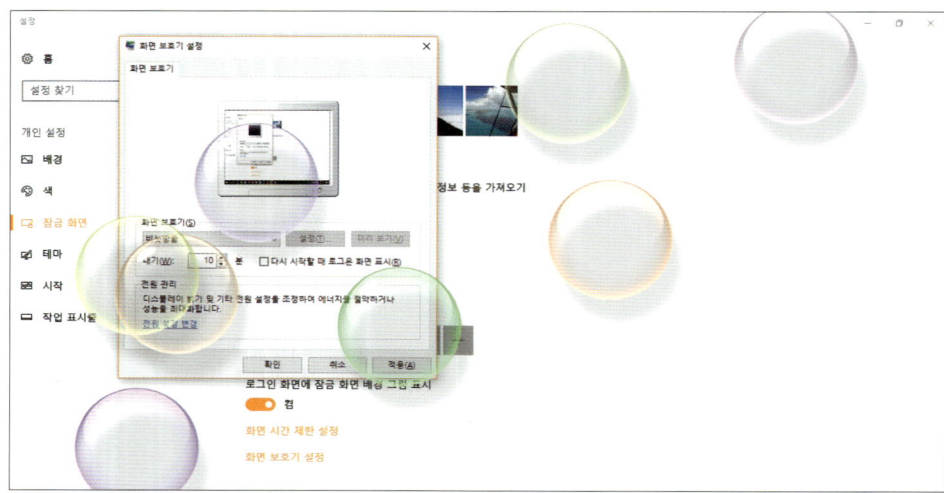

02 컴퓨터를 '5분' 동안 사용하지 않을 경우, '리본' 화면 보호기가 실행되도록 설정해 보세요.

07 작업 표시줄과 알림 영역 알아보기

 학습목표

- 작업 표시줄 설정 기능을 알아봐요.
- 시계(시간)를 설정해요.

미션1 작업 표시줄 설정 기능을 알아보아요.

① 작업 표시줄에서 마우스 오른쪽 단추를 클릭하여 [작업 표시줄 잠금]을 선택 해제합니다.

② 작업 표시줄의 경계선에서 마우스를 드래그하여 크기를 조절해 봅니다.

③ 아래쪽에 위치한 작업 표시줄을 오른쪽으로 드래그 앤 드롭하여 위치를 변경해 봅니다.

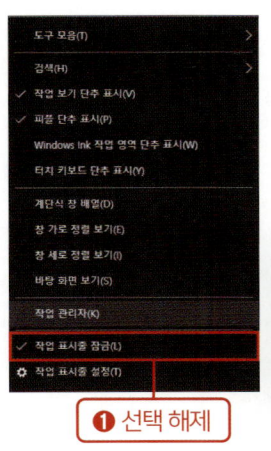
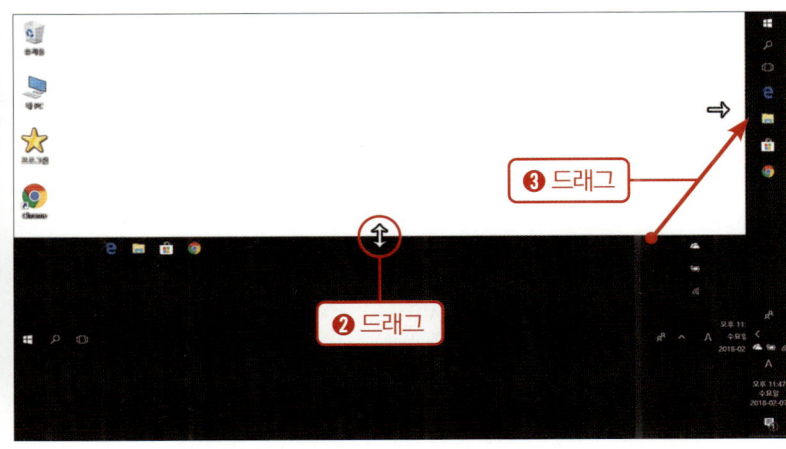

 **Tip** '작업 표시줄 잠금'이 선택되어 있으면 작업 표시줄의 위치를 이동하거나 크기를 조절할 수 없어요.

④ 작업 표시줄의 설정을 변경해 봅니다.

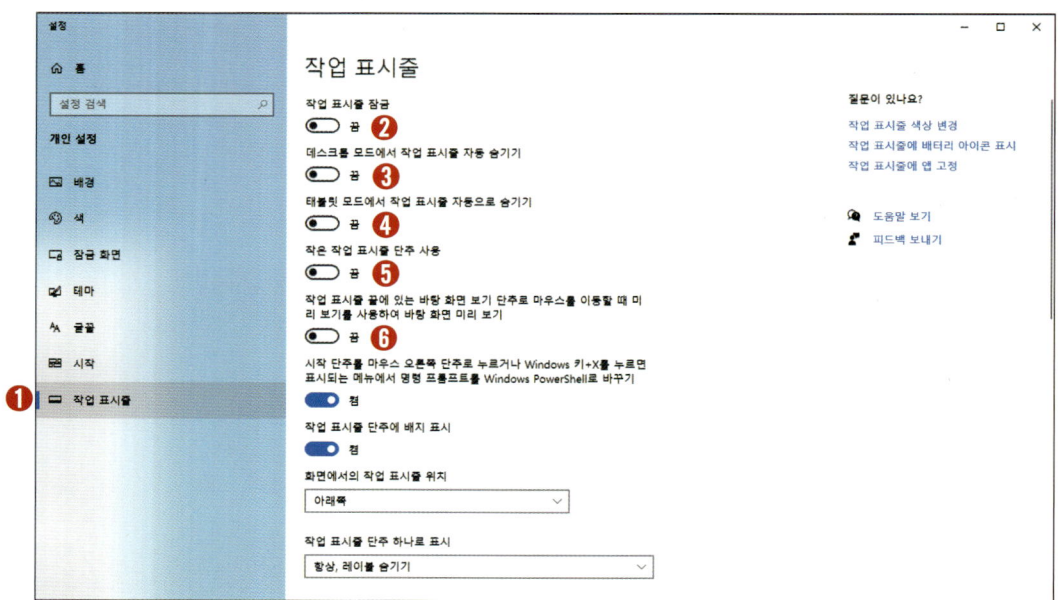

❶ 바탕화면 '바로 가기 메뉴'에서 '개인 설정'을 이용하여 '작업 표시줄' 기능을 설정합니다.
❷ 작업 표시줄을 변경하지 못하도록 잠금 기능을 활성화시킬 수 있습니다.
❸ PC 버전에서 작업 표시줄을 숨길 수 있습니다.
❹ 태블릿 모드에서 작업 표시줄을 숨길 수 있습니다.
❺ 작업 표시줄을 작게 변경할 수 있습니다.
❻ 작업 표시줄 오른쪽 끝에 위치한 바탕화면 보기 단추를 클릭하면 바탕화면을 볼 수 있습니다.

미션 2 시계를 설정해 보아요.

① 알림 영역(시계) 위에서 마우스 오른쪽 단추를 클릭하고 [날짜/시간 조정]을 클릭합니다.

② [자동으로 시간 설정]을 '끔'으로 변경하고 [수동으로 날짜 및 시간 설정]의 [변경]을 클릭한 후 [날짜 및 시간 변경] 대화상자가 나타나면 원하는 시간을 지정하고 [변경] 단추를 클릭합니다.

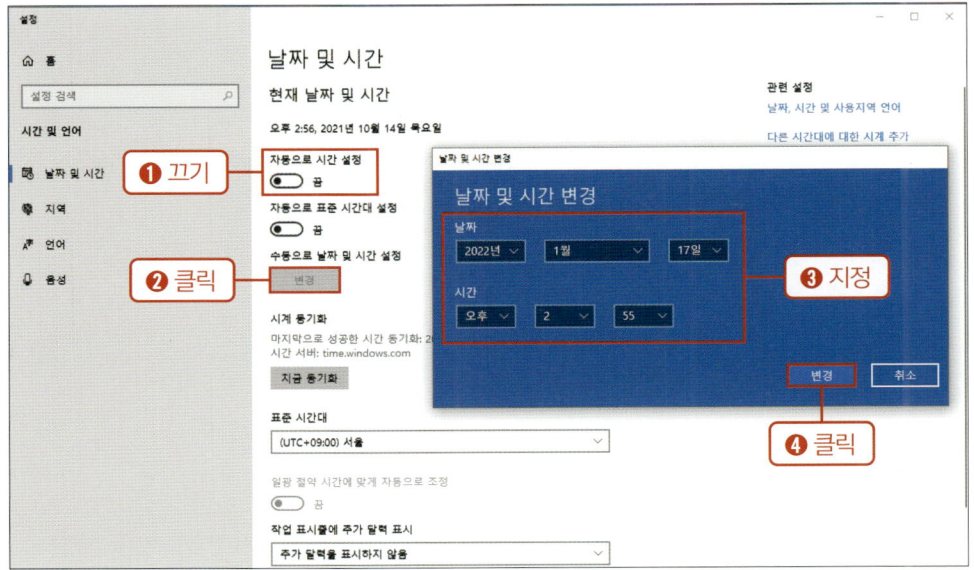

07 · 작업 표시줄과 알림 영역 알아보기 35

 **배운 내용을 확인해 보아요.**

① 다음 중 작업 표시줄의 위치를 이동할 때 사용하는 마우스 동작은 무엇일까요?

① 클릭　　　　　　　　　　② 더블클릭
③ 드래그 앤 드롭　　　　　④ 마우스 오른쪽 단추 클릭

② 날짜 및 시간을 변경하려면 다음 중 어느 위치에서 마우스 오른쪽 단추를 클릭해야 할까요?

③ 바탕화면의 위치 중 작업 표시줄을 이동시킬 수 없는 곳은 어디일까요?

① 위쪽　　　　　　　　　　② 오른쪽
③ 가운데　　　　　　　　　④ 아래쪽

④ 작업 표시줄의 크기를 가장 크게 할 경우 바탕화면을 얼만큼 숨길 수 있을까요?

① 작업 표시줄의 크기를 조절할 수 없습니다.
② 바탕화면의 절반을 숨깁니다.
③ 바탕화면을 모두 숨깁니다.
④ 바탕화면이 사라집니다.

  # 혼자 할 수 있어요!

01 그림과 같이 작업 표시줄을 이동시키고 크기를 조절해 보세요.

02 날짜 및 시간을 2048년 8월 15일 오전 11시로 변경해 보세요.

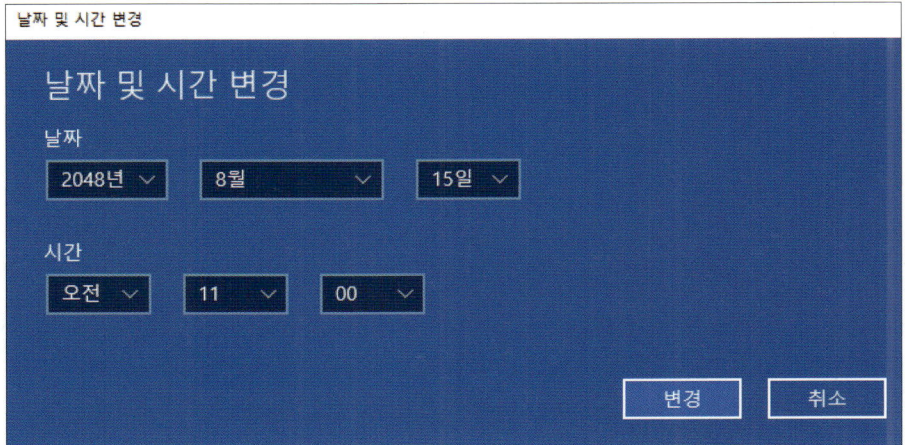

08 인터넷 시작하기

학습목표
- 인터넷 화면 구성에 대해 알아봐요.
- 쥬니어네이버 홈페이지를 구경해요.

미션 1 인터넷 화면 구성을 알아보아요.

① [Microsoft Edge()]를 더블클릭하여 인터넷을 실행합니다.

❶ **탭 작업 메뉴** : 탭의 위치를 가로 혹은 세로로 변경하거나 검색 기록 히스토리를 확인하고 열려 있는 탭을 컬렉션에 추가할 수 있습니다.
❷ **제목 표시줄** : 접속된 사이트의 제목이 표시됩니다.
❸ **새 탭** : 새로운 탭을 추가할 수 있습니다.
❹ **뒤로/앞으로** : 보고 있는 사이트의 이전 페이지나 다음 페이지로 이동할 수 있습니다.
❺ **새로 고침** : 현재 보고 있는 페이지를 새로 고침하여 다시 접속할 수 있습니다.
❻ **홈** : 브라우저를 열었을 때 나타나는 시작 페이지로 이동할 수 있습니다.
❼ **주소 표시줄** : 현재 보고 있는 사이트의 주소가 표시됩니다.
❽ **이 페이지를 즐겨찾기에 추가** : 현재 열려 있는 사이트를 즐겨찾기에 추가할 수 있습니다.
❾ **컬렉션** : 스크랩과 유사한 기능으로, 온라인에서 찾은 콘텐츠를 저장하고 공유할 수 있습니다.
❿ **웹 캡처** : 현재 보고 있는 페이지를 캡처하여 이미지에 메모를 작성할 수 있습니다.
⓫ **프로필** : 현재 윈도우 10에 로그인 되어 있는 계정의 프로필이 표시됩니다.
⓬ **설정 및 기타** : 마이크로소프트 엣지의 다양한 기능을 설정하고 추가할 수 있습니다.

 **미션 2** 쥬니어네이버 홈페이지를 구경해 보아요.

① '쥬니어네이버(jr.naver.com)' 홈페이지에서 '카테고리' 메뉴 중 '인기동요'를 확인해 봅니다.

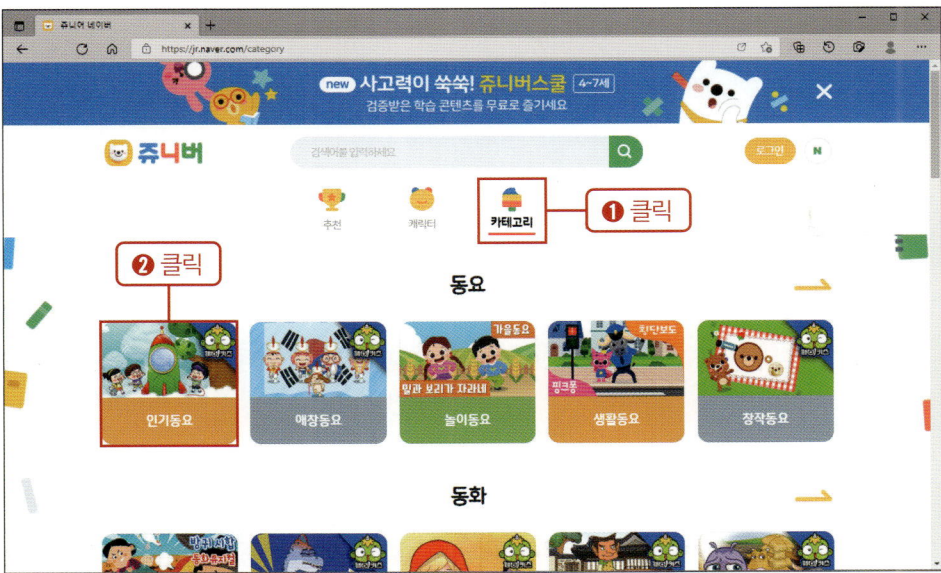

② '플레이존' 메뉴의 '터치팡팡'에서 다양한 터치 게임을 실행해 봅니다.

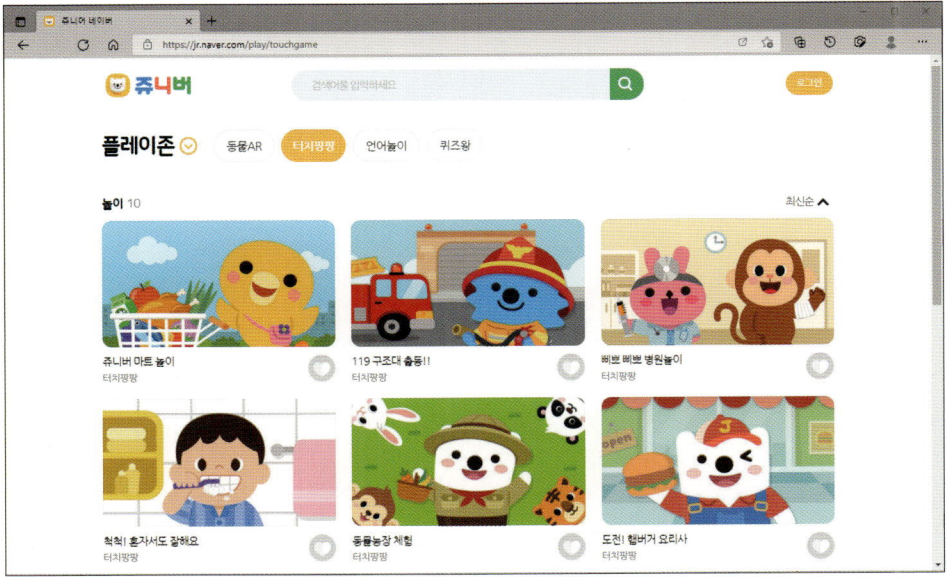

 **미션 3** 배운 내용을 확인해 보아요.

선생님 확인   부모님 확인

1 인터넷 화면 구성에 알맞은 내용을 선으로 연결해 보세요.

| 제목 표시줄 | • | • | 현재 보고 있는 페이지를 새로 고침하여 다시 접속합니다. |

| 새로 고침 | • | • | 현재 보고 있는 사이트의 주소가 표시됩니다. |

| 주소 표시줄 | • | • | 접속된 사이트의 제목이 표시됩니다. |

| 새 탭 | • | • | 새로운 탭을 추가합니다. |

2 인터넷 화면에서 마우스 포인터가 🖐 모양으로 표시될 때 클릭하면 어떻게 될까요?

① 글자를 쓸 수 있습니다.
② 이전 페이지로 이동합니다.
③ 화면의 내용이 프린터로 나옵니다.
④ 클릭한 글자나 모양에 연결된 페이지로 이동합니다.

3 다음 주소를 주소 표시줄에 입력하고 Enter 를 누르면 어디로 이동하나요?

https://www.naver.com

08 혼자 할 수 있어요!

01 쥬니어네이버 홈페이지에서 '동화'를 검색한 후 원하는 작품을 감상해 보세요.

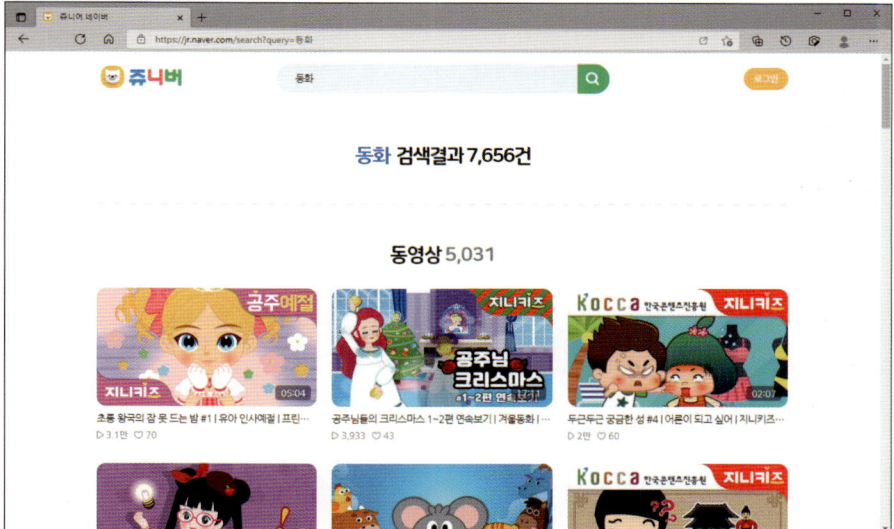

02 '사파리'로 이동하여 다양한 동식물을 확인해 보세요.

09 인터넷으로 바탕화면 변경하기

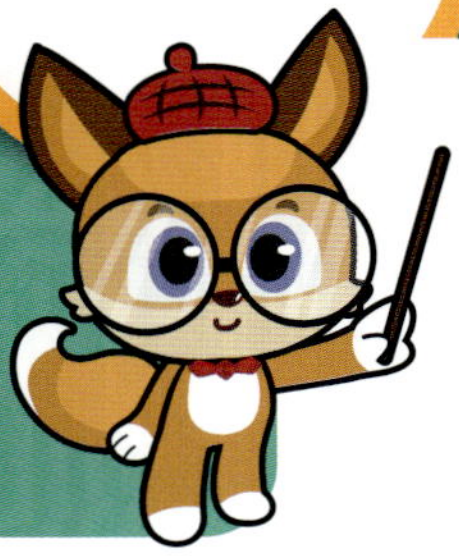

- 인터넷에서 이미지를 검색해요.
- 인터넷에서 검색한 이미지로 바탕화면을 설정해요.

미션 1 인터넷에서 이미지를 검색해 보아요.

① '네이버(www.naver.com)' 사이트에 접속한 후 '강아지'를 검색하고 검색 화면 카테고리 중 [이미지]를 클릭합니다.

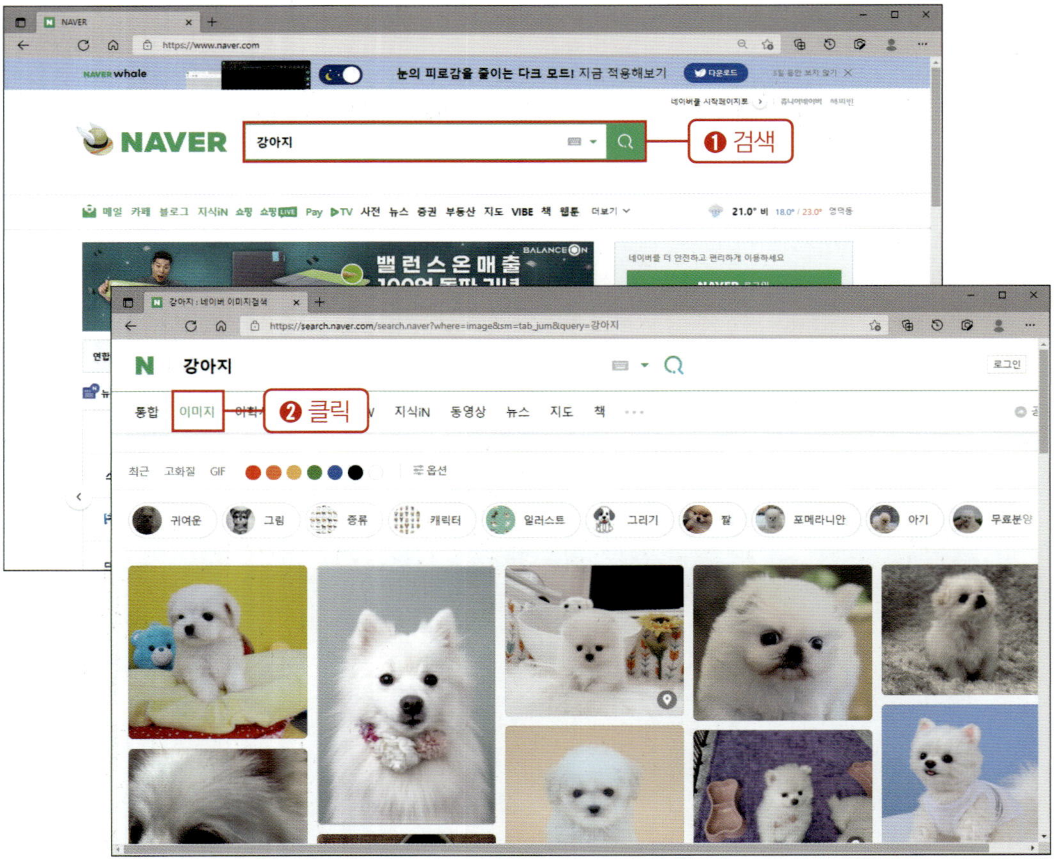

 **미션 2** 인터넷에서 검색한 이미지로 바탕화면을 설정해 보아요.

① 원하는 이미지를 선택하고 마우스 오른쪽 단추를 클릭한 후 [다른 이름으로 사진 저장]을 클릭합니다.

② [다른 이름으로 저장] 대화상자가 나타나면 이미지를 저장할 위치와 이름을 지정한 후 [저장] 단추를 클릭하고 바탕화면 '바로 가기 메뉴'의 '개인 설정'을 이용하여 바탕화면을 변경합니다.

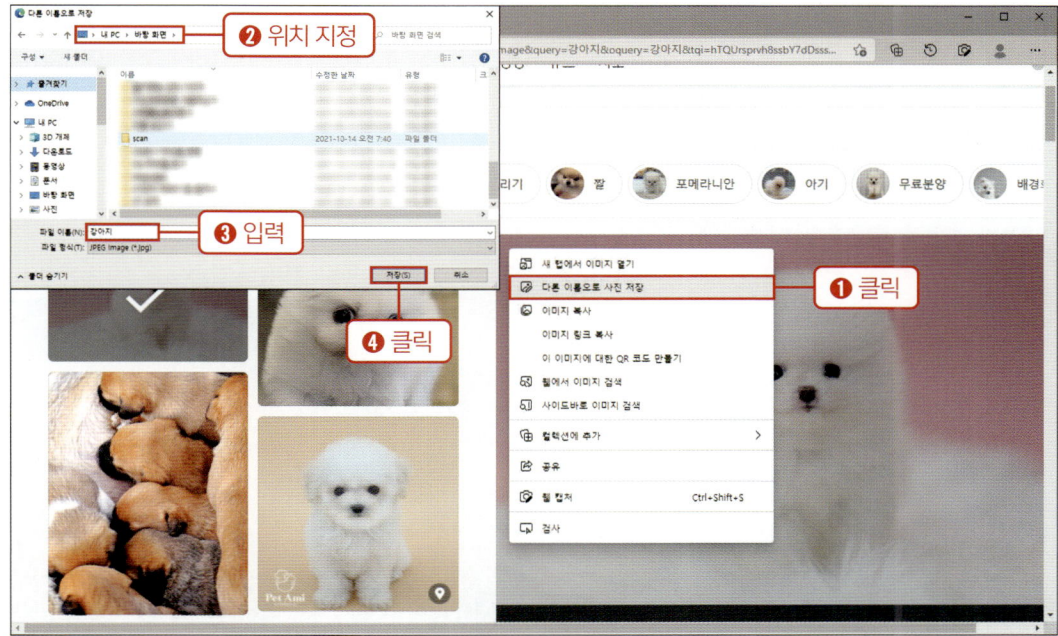

③ 변경된 바탕화면을 확인해 봅니다.

 **미션 3** 배운 내용을 확인해 보아요.

❶ 다음 중 인터넷 아이콘은 무엇일까요?

①    ②

③    ④

❷ 인터넷 검색 엔진에서 이미지를 검색하려면 다음 중 어떤 카테고리를 선택해야 할까요?
① 블로그   ② 이미지
③ 카페   ④ 지식iN

❸ 인터넷에서 검색한 이미지 중 원하는 이미지를 바탕화면으로 지정하려면 어떻게 해야 할까요?
① 배경으로 지정할 이미지를 더블클릭합니다.
② 배경으로 지정할 이미지를 바탕화면으로 드래그합니다.
③ 배경으로 지정할 이미지 위에서 마우스 오른쪽 단추를 클릭하여 '바로 가기 메뉴' 중 속성을 클릭합니다.
④ 배경으로 지정할 이미지를 다른 이름으로 저장하고 바탕화면 '바로 가기 메뉴'의 '개인 설정'에서 배경을 지정합니다.

09 혼자 할 수 있어요!

01 인터넷에서 '고양이'를 검색하여 바탕화면으로 지정해 보세요.

• 예제 파일 : 고양이.jpg

02 인터넷에서 '캐릭터'를 검색하여 바탕화면으로 지정해 보세요.

• 예제 파일 : 캐릭터.jpg

10 윈도우 창 알아보기

학습목표
- 윈도우 창을 살펴봐요.
- 윈도우 창을 제어해요.

미션 1 윈도우 창을 살펴 보아요.

① 윈도우 창의 생김새와 도구의 기능에 대해 살펴 봅니다.

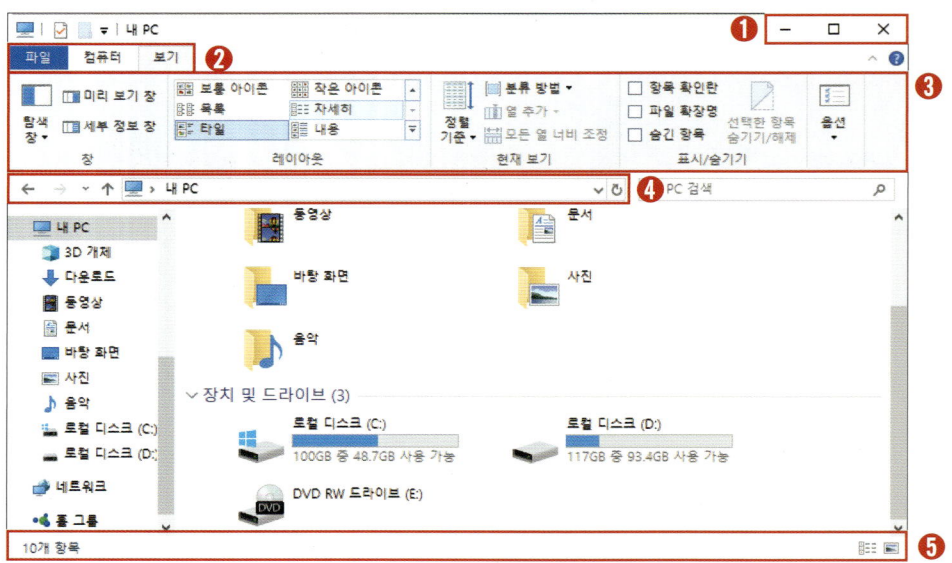

❶ 창 제어 버튼 : 창의 크기를 최대화, 최소화하거나 창을 닫습니다.
❷ 메뉴 표시줄 : 메뉴를 나타냅니다.
❸ 리본 : 메뉴의 내용이 아이콘으로 표시됩니다.
❹ 주소 표시줄 : 현재 창의 위치를 나타냅니다.
❺ 상태 표시줄 : 현재 작업 상황을 표시합니다.

 **미션 2** 윈도우 창을 제어해 보아요.

① [내 PC(📄)] 아이콘을 더블클릭하여 실행한 후 제어 단추로 창의 크기를 조절해 봅니다.

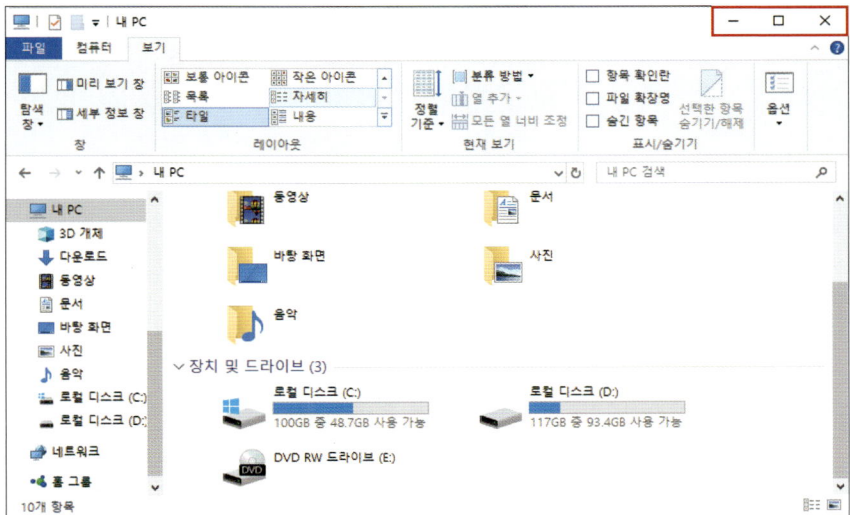

❶ **최대화(□)** : 윈도우 창을 크게 변경합니다.
❷ **최소화(─)** : 윈도우 창을 작업 표시줄로 숨깁니다.
❸ **이전 크기로 복원(❐)** : 윈도우 창을 최대화하기 전의 크기로 변경합니다.

② 창 제목 표시줄을 더블클릭하여 창의 크기를 '최대화/이전 크기'로 변경해 봅니다.

10 · 윈도우 창 알아보기 **47**

❸ 윈도우 창의 '상하좌우' 모서리에 마우스 포인터를 위치시킨 후 드래그하여 창의 크기를 조절해 봅니다.

4 '창 제목 표시줄'을 클릭한 후 드래그하여 창을 이동시켜 봅니다.

5 [닫기(X)] 단추를 클릭하여 창을 닫아 봅니다.

6 단축키 Alt + F4 를 눌러 창을 닫아 봅니다.

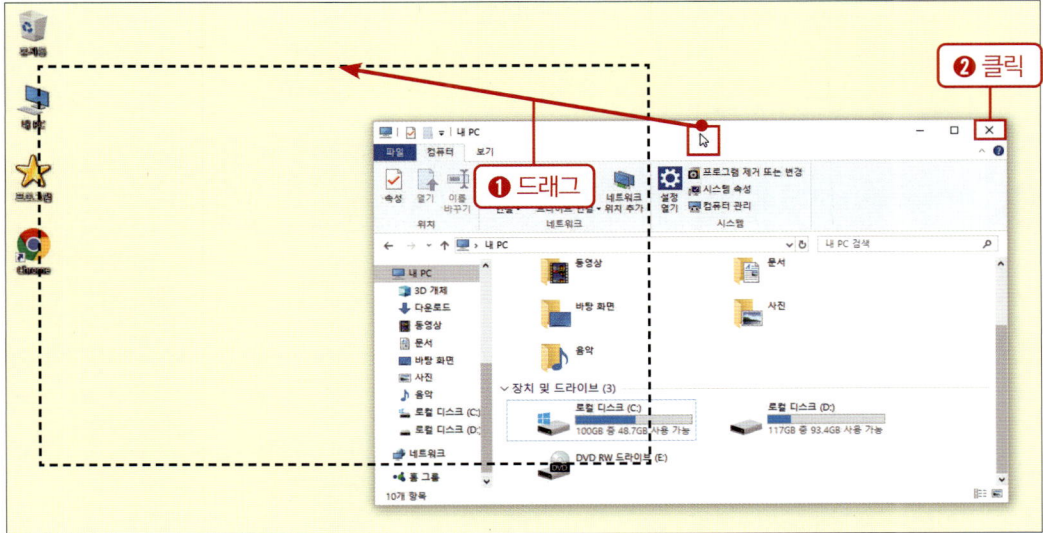

 **배운 내용을 확인해 보아요.**

선생님 확인   부모님 확인

1 다음 마우스 포인터 모양 중 창의 크기를 조절할 수 있는 모양은 무엇일까요?

①   ②

③ (화살표)   ④

2 창 제어 단추와 그에 맞는 기능을 선으로 연결해 보세요.

✕	•	•	최대화
☐	•	•	최소화
─	•	•	이전 크기로 복원
🗗	•	•	닫기

3 다음 중 창 닫기 단축키는 무엇일까요?

①    ②

③ 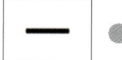   ④

혼자 할 수 있어요!

01 그림과 같이 마우스를 이용하여 창의 크기를 조절해 보세요.

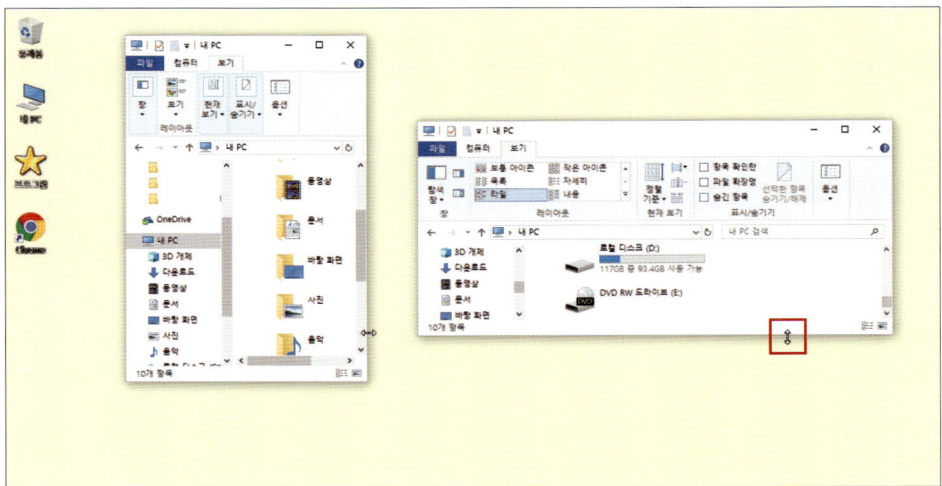

02 그림과 같이 창 제어 단추를 이용하여 창의 크기를 조절해 보세요.

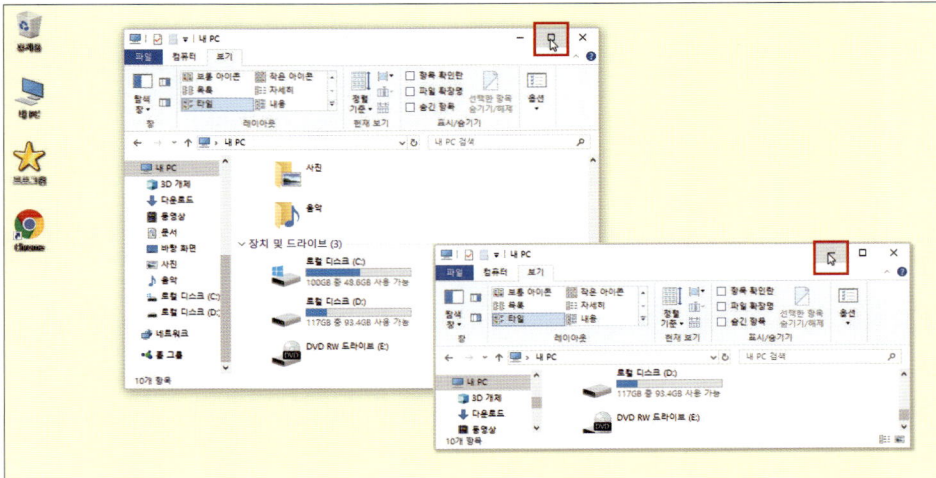

11 메모장 알아보기

학습목표
- 메모장의 화면 구성을 알아봐요.
- 메모장에 내용을 입력하고 꾸며봐요.

미션1 메모장의 화면 구성을 알아보아요.

 [시작(⊞)]-[Windows 보조프로그램]-[메모장]을 클릭하여 메모장을 실행한 후 메모장의 화면 구성을 살펴 봅니다.

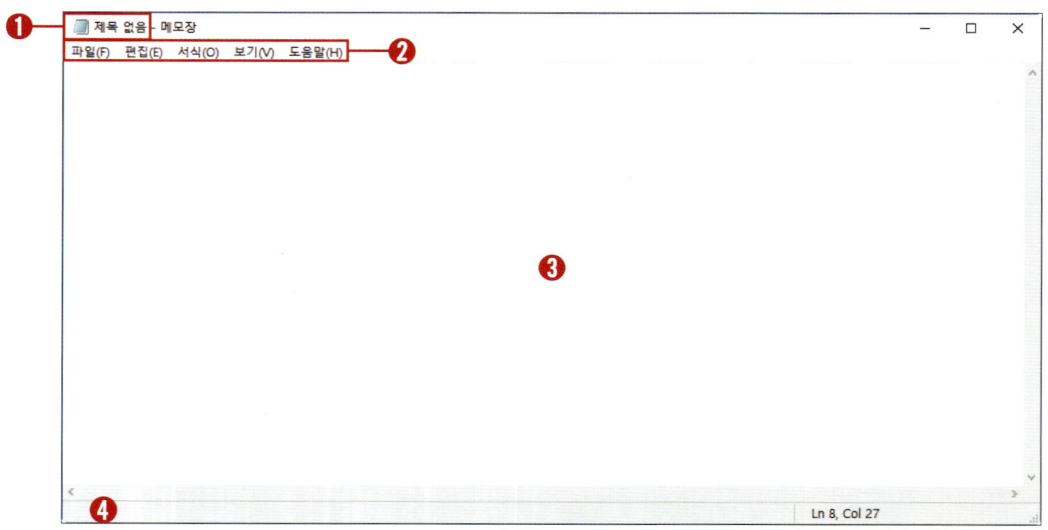

❶ 제목 표시줄 : 저장된 파일명을 나타냅니다.
❷ 메뉴 표시줄 : 메모장의 메뉴를 표시합니다.
❸ 작업 영역 : 키보드를 이용하여 문서를 작성합니다.
❹ 상태 표시줄 : 메모장의 입력 상태를 나타냅니다.

 **메모장에 내용을 입력하고 꾸며 보아요.**

① 메모장에 내용을 입력한 후 [서식]-[글꼴]을 클릭하여 글꼴과 글꼴 스타일, 크기를 지정하고 [확인] 단추를 클릭합니다.

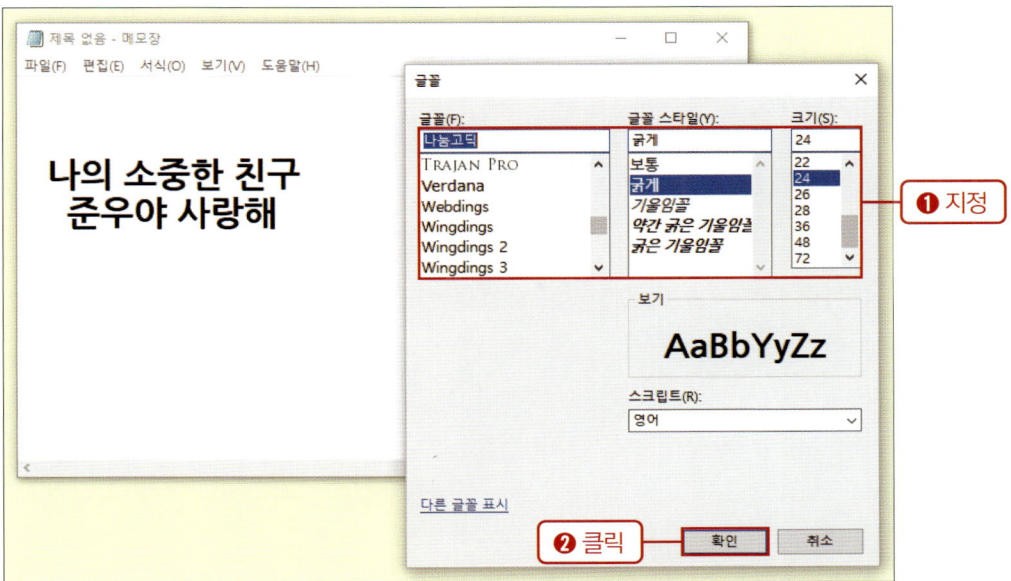

② 한글 자음 ㅁ+한자 를 눌러 특수문자를 입력하고 [파일]-[다른 이름으로 저장]을 클릭하여 문서를 저장할 위치를 지정한 후 파일명을 입력하고 [저장] 단추를 클릭합니다.

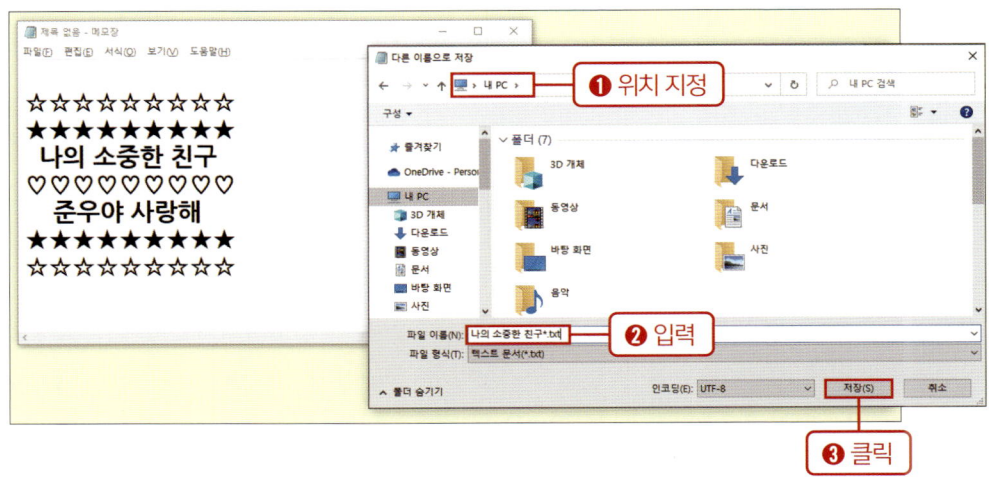

미션 3 배운 내용을 확인해 보아요.

1 메모장을 실행하는 순서에 맞게 다음 중 빈칸에 들어갈 메뉴로 옳은 것은 무엇일까요?

시작 → 모든 프로그램 → ☐ → 메모장

① 시작 프로그램   ② 보조 프로그램
③ 게임 프로그램   ④ 한글과 컴퓨터

2 메모장의 메뉴에 대한 기능으로 알맞은 내용을 선으로 연결해 보세요.

저장 •   • 문서의 글꼴을 바꿀 수 있어요.

복사 •   • 문서를 저장할 수 있어요.

글꼴 •   • 입력한 내용을 복사할 수 있어요.

3 메모장에서 ♥, ☎와 같은 특수문자를 입력하려면 한글 자음 중 어떤 키를 눌러야 할까요?

① ㄱ   ② ㅁ
③ ㅇ   ④ ㅅ

01 메모장을 이용하여 그림과 같은 문서를 만들고 저장해 보세요.

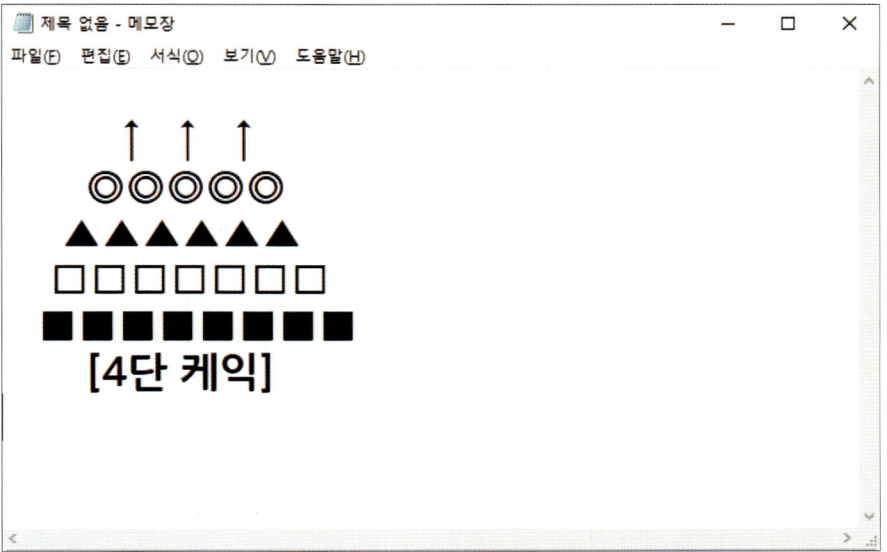

02 메모장을 이용하여 그림과 같은 문서를 만들고 저장해 보세요.

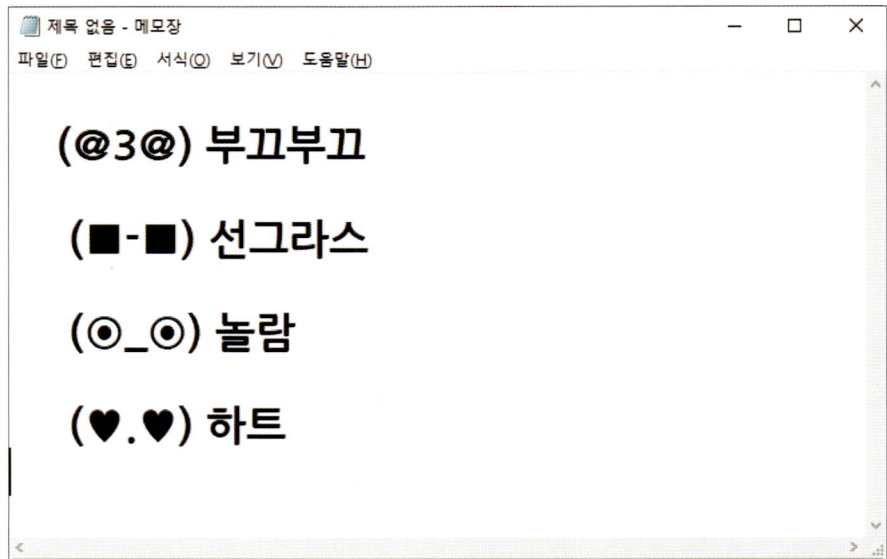

12 계산기 알아보기

학습목표
- 계산기의 화면 구성을 알아봐요.
- 계산기를 활용하여 문제를 풀어요.

미션 1 계산기의 화면 구성을 알아보아요.

❶ [시작(⊞)]-[계산기]를 클릭하여 계산기를 실행한 후 계산기의 화면 구성을 살펴 봅니다.

❶ CE : 입력한 숫자를 지웁니다.
❷ C : 계산 결과를 지웁니다.
❸ ⌫ : 입력한 숫자를 한 자리씩 지웁니다.
❹ ÷ : 나눗셈을 계산합니다.
❺ × : 곱셈을 계산합니다.
❻ − : 뺄셈을 계산합니다.
❼ + : 덧셈을 계산합니다.
❽ = : 계산 결과를 나타냅니다.

 **미션 2** 계산기를 활용하여 문제를 풀어 보아요.

① 10을 만들기 위해 빈칸에 들어갈 숫자를 적어 봅니다.

| 2 | + | | + | 3 | = | 10 |

| 1 | + | | + | 3 | = | 10 |

| 8 | − | 2 | + | | = | 10 |

| 3 | + | | + | 3 | = | 10 |

| 15 | − | 3 | − | | = | 10 |

② 계산기를 이용하여 문제의 정답을 확인해 봅니다.

 **미션 3** 배운 내용을 확인해 보아요.

1 다음 중 계산기를 이용하면 좋은 상황은 무엇일까요?

① 나의 댄스 실력을 시골에 계신 할머니께 보여드렸어요.
② 사자 울음소리를 흉내내어 동생에게 들려주었어요.
③ 내 짝꿍의 얼굴을 그려 친구들에게 보여주었어요.
④ 5,000원으로 1,500원짜리 아이스크림과 1,200원짜리 아이스크림을 샀어요.

2 다음 계산기 단추의 기능으로 알맞은 내용을 선으로 연결해 보세요.

| C | ● | ● | 입력한 숫자를 지웁니다. |

| ⌫ | ● | ● | 계산 결과를 지웁니다. |

| ÷ | ● | ● | 입력한 숫자를 한 자리씩 지웁니다. |

| × | ● | ● | 나눗셈을 계산합니다. |

| CE | ● | ● | 곱셈을 계산합니다. |

12 혼자 할 수 있어요!

01 계산기를 이용하여 다음 문제를 풀어 보세요.

❶ 5 × 9 =   ❷ 27/3 =

❸ 10 + 11 =   ❹ 23 × 3 =

❺ 49 − 14 =   ❻ 91 − 56 =

02 사과 40상자가 있습니다. 사과 20상자를 더 샀다면 몇 상자가 되었을까요?

답

03 지우개 20개가 있습니다. 그 중 15개를 잃어버렸다면 몇 개가 남았을까요?

답

04 동원이는 사탕 50개를 샀습니다. 그 중 8개를 친구에게 주고, 12개를 더 샀습니다. 동원이는 몇 개의 사탕을 가지고 있을까요?

답

13 그림판 알아보기

학습목표

- 그림판의 화면 구성을 알아봐요.
- 대칭, 회전, 색 반전 기능을 알아봐요.

▶ 예제 파일 : '눈사람.jpg', '대칭.jpg', '반전.jpg'

미션 1 그림판의 화면 구성을 알아보아요.

① [시작()]-[Windows 보조프로그램]-[그림판]을 클릭하여 그림판을 실행한 후 그림판의 화면 구성을 살펴 봅니다.

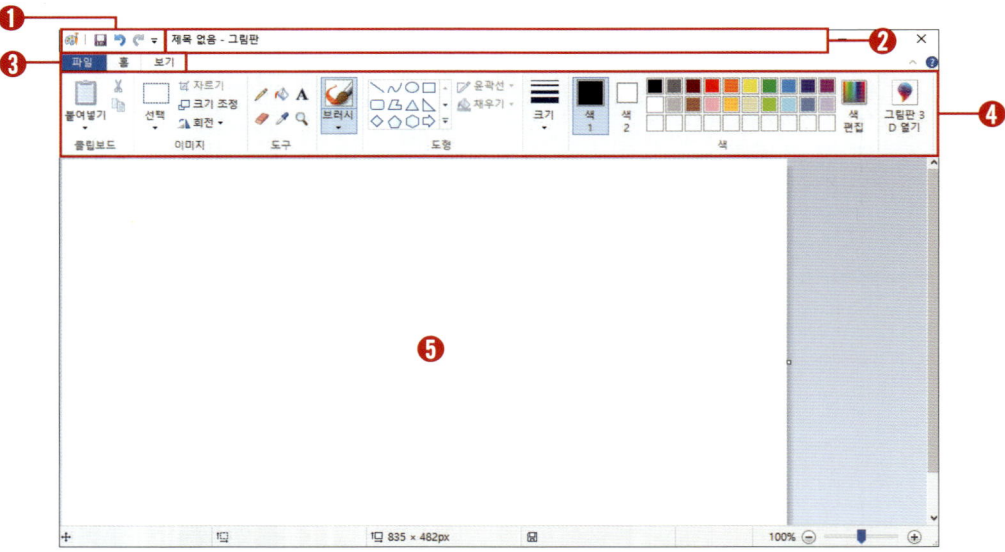

❶ 빠른 실행 도구 모음 : 그림을 '저장, 실행 취소, 되돌리기' 할 수 있습니다.
❷ 제목 표시줄 : 제목을 표시합니다.
❸ 메뉴 표시줄 : 메뉴를 표시합니다.
❹ 리본 메뉴 : 그림을 그릴 수 있는 도구가 아이콘으로 표시됩니다.
❺ 그리기 영역 : 그림을 직접 그릴 수 있는 캔버스입니다.

 **대칭, 회전, 색 반전 기능을 알아보아요.**

① [이미지]-[회전]의 대칭 기능으로 이미지 반대쪽을 채워 봅니다.

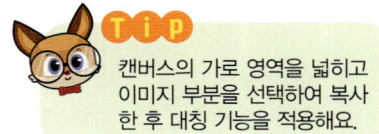
Tip 캔버스의 가로 영역을 넓히고 이미지 부분을 선택하여 복사한 후 대칭 기능을 적용해요.

② [이미지]-[회전]의 회전 기능으로 이미지를 회전시켜 봅니다.

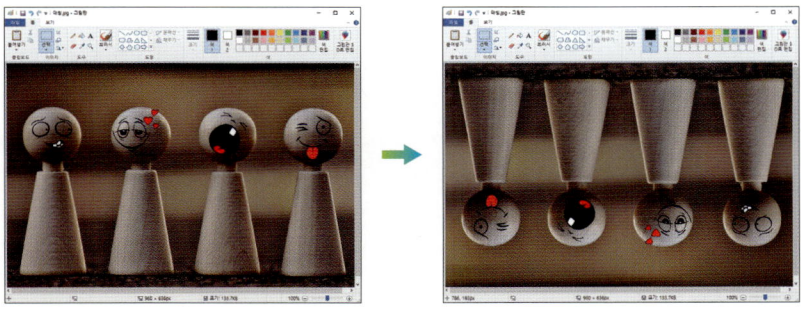

③ [단축 메뉴]-[색 반전] 기능으로 그림의 색상을 변경해 봅니다.

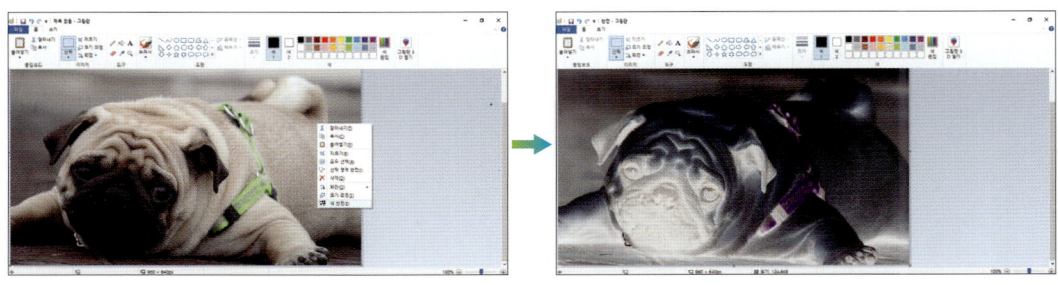

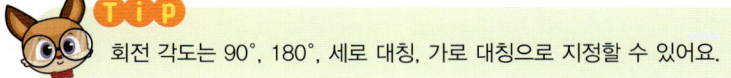
Tip 회전 각도는 90°, 180°, 세로 대칭, 가로 대칭으로 지정할 수 있어요.

미션 3 배운 내용을 확인해 보아요.

1 이미지를 좌우 대칭할 때 메뉴 선택 순서를 떠올려 빈칸에 알맞은 내용을 적어 보세요.

이미지 ➡ ⬜ ➡ ⬜

2 다음 그림판 도구의 기능으로 알맞은 내용을 선으로 연결해 보세요.

- A · · 원하는 색을 가져옵니다.
- 🖋 · · 그림에 문자를 입력합니다.
- 🪣 · · 색을 칠합니다.
- 🧽 · · 그림 영역을 확대합니다.
- 🔍 · · 그림을 지웁니다.

13   혼자 할 수 있어요!

01 그림판의 '대칭' 기능을 이용하여 그림과 같이 완성해 보세요.

▶ 예제 파일 : 인형.jpg

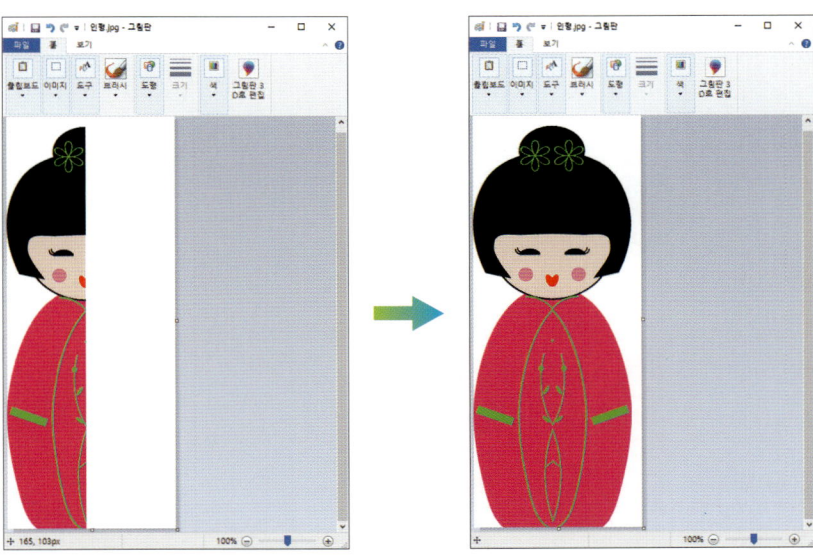

02 그림판의 '회전' 기능을 이용하여 그림과 같이 완성해 보세요.

▶ 예제 파일 : 회전.jpg

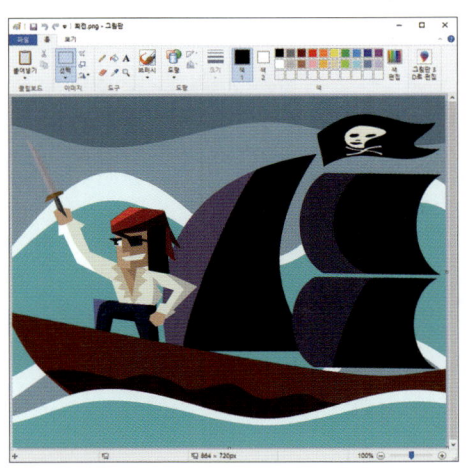 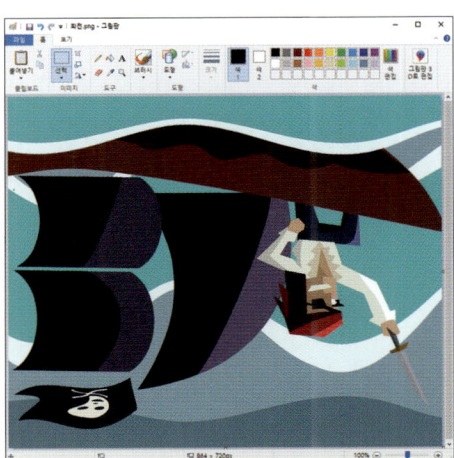

14 그림판으로 그린 피자 나누기

- 그림판으로 피자를 그려요.
- 선택 도구를 이용하여 피자를 조각내요.

미션 1 그림판으로 피자를 그려 보아요.

① [시작(⊞)]-[Windows 보조프로그램]-[그림판]을 클릭한 후 도형을 이용하여 피자 도우를 그려 봅니다.

❶ '타원' 도형을 이용하여 피자 도우를 그립니다.
❷ [색 채우기(🪣)]를 이용하여 도우에 색을 칠합니다.

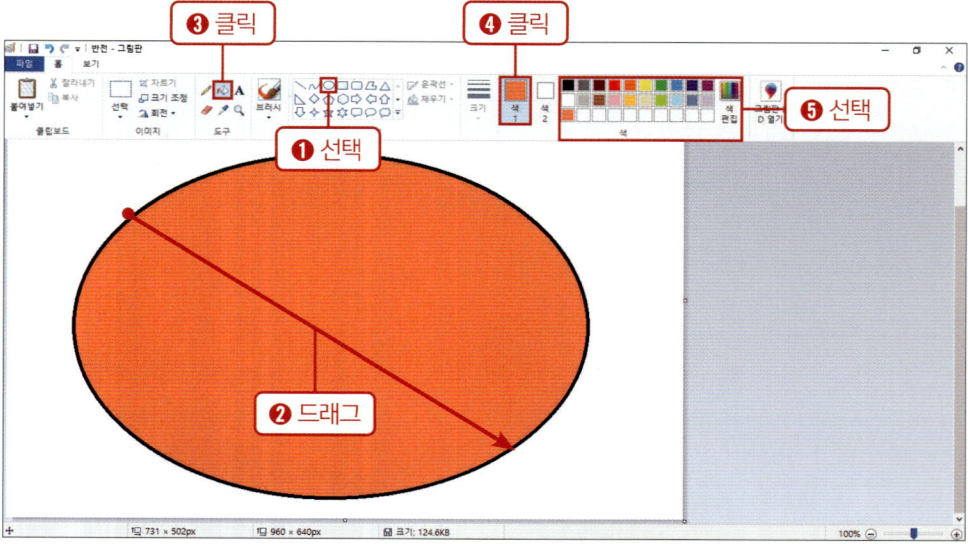

2 도형을 이용하여 토핑을 그리고 브러시를 이용하여 소스를 뿌려 봅니다.

❶ 도형과 채우기 기능을 이용하여 도우에 토핑을 올립니다.
❷ [브러시()]-[에어브러시]를 이용하여 피자에 소스를 뿌리고 테두리에 고구마 토핑을 그립니다.
❸ 브러시는 선을 이용하는 것이므로, '색1'의 색상을 변경하여 토핑을 그립니다.

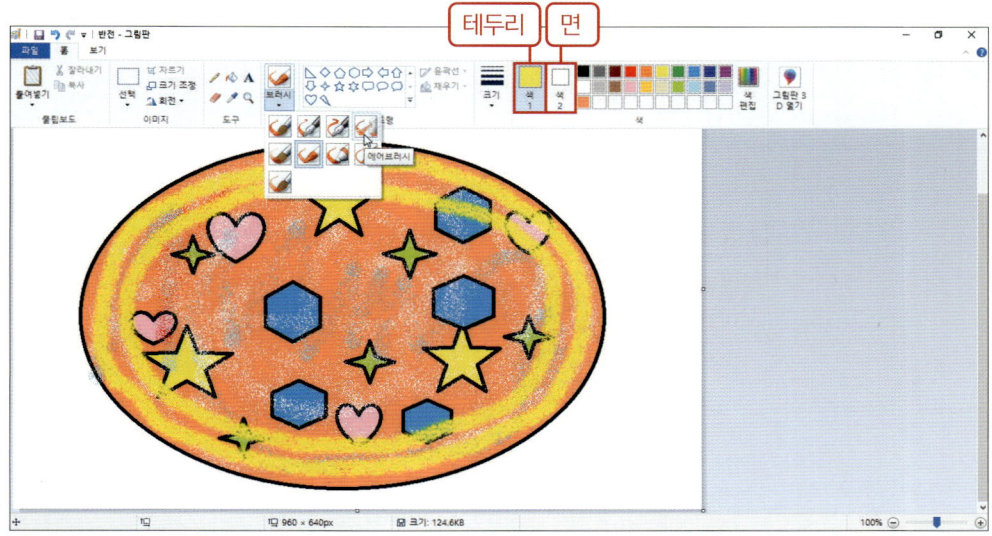

 **선택 도구를 이용하여 피자를 조각내 보아요.**

① 선택 도구를 이용하여 피자 한 조각을 떼어 냅니다.

❶ [선택]-[자유형으로 선택]을 클릭합니다.
❷ 자유형을 이용하여 피자 한 조각의 영역을 그립니다.
❸ 영역을 마우스로 클릭하고 드래그하여 피자 조각을 떼어 냅니다.

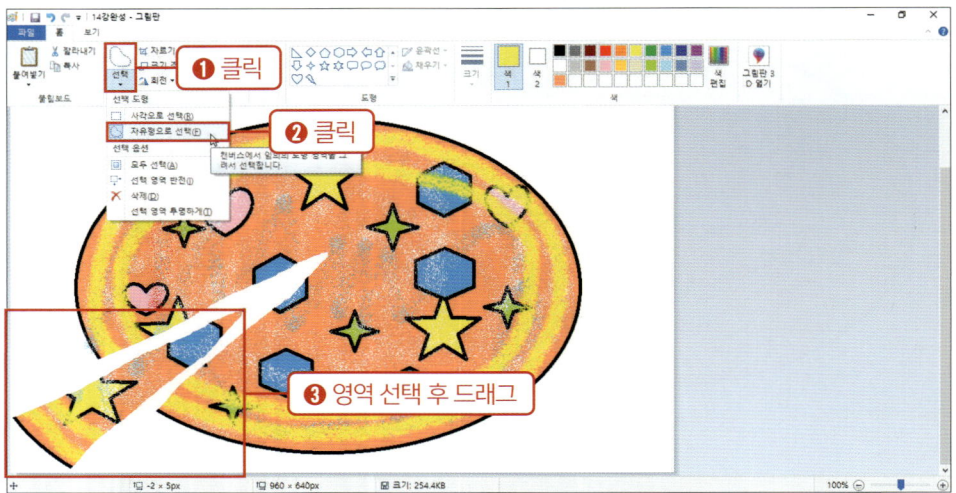

 **배운 내용을 확인해 보아요.**

① 피자의 도우를 그리기 위해 사용한 그림판의 도구는 무엇일까요?

①  ②

③   ④ ○

② 브러시를 사용하여 고구마 토핑 모양을 그릴 때, 고구마 토핑 색을 변경하기 위해 선택해야 하는 것은 무엇일까요?

①  ②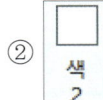

③   ④

③ 피자 조각을 나누기 위해서는 어떤 도형을 선택해야 할까요?

① 사각으로 선택(R)   ② 자유형으로 선택(F)

③ 모두 선택(A)   ④ 선택 영역 투명하게(T)

혼자 할 수 있어요!

01 그림과 같이 핫도그를 그려 보세요.

02 그림과 같이 별이 떠 있는 밤하늘을 그려 보세요.

15 그림판 3D로 괴물 캐릭터 만들기

학습목표

• 그림판 3D의 화면 구성을 알아봐요.
• 3D 괴물 캐릭터를 만들어요.
• 완성한 3D 괴물 캐릭터를 확인해요.

▶ 예제 파일 : 15차시_활용.glb

미션 1 그림판 3D의 화면 구성을 알아보아요.

① [시작()]-[그림판 3D]를 클릭하여 실행한 후 그림판 3D의 화면 구성을 알아봅니다.

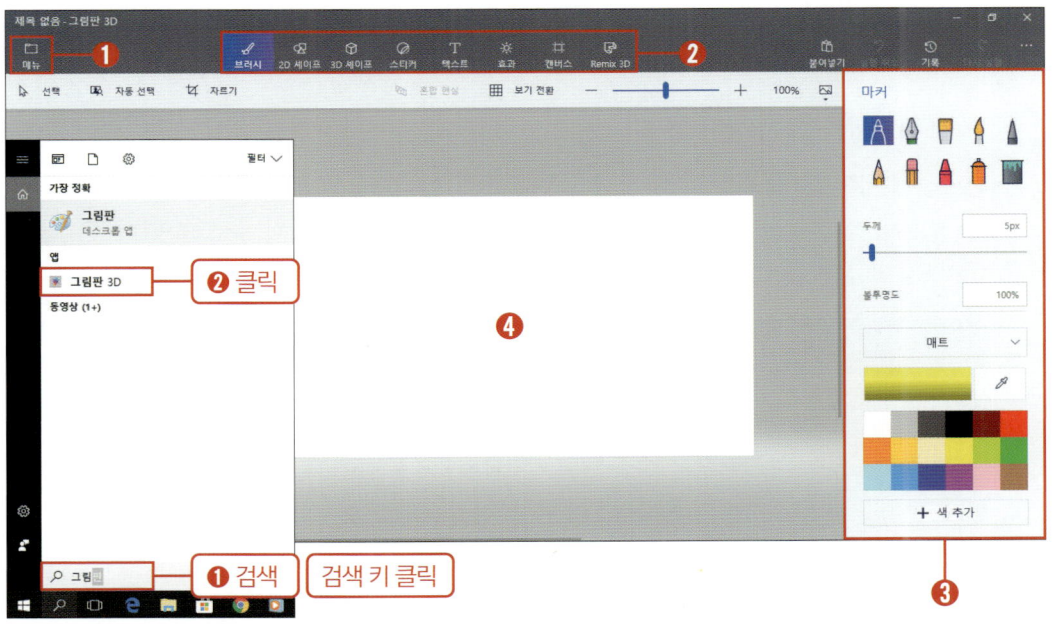

❶ 메뉴 : 새로 만들기, 열기, 저장 등의 메뉴가 있습니다.
❷ 도구 상자 : 그림을 그릴 수 있는 도구들이 모여 있습니다.
❸ 리본 메뉴 : 도구 상자를 선택하면 해당하는 도구들이 표시됩니다.
❹ 캔버스 : 그림을 직접 그릴 수 있는 영역입니다.

 **미션 2** 3D 괴물 캐릭터를 만들어 보아요.

① [메뉴]-[열기]-[파일 찾아보기]를 클릭하여 '15차시_활용' 파일을 불러옵니다.

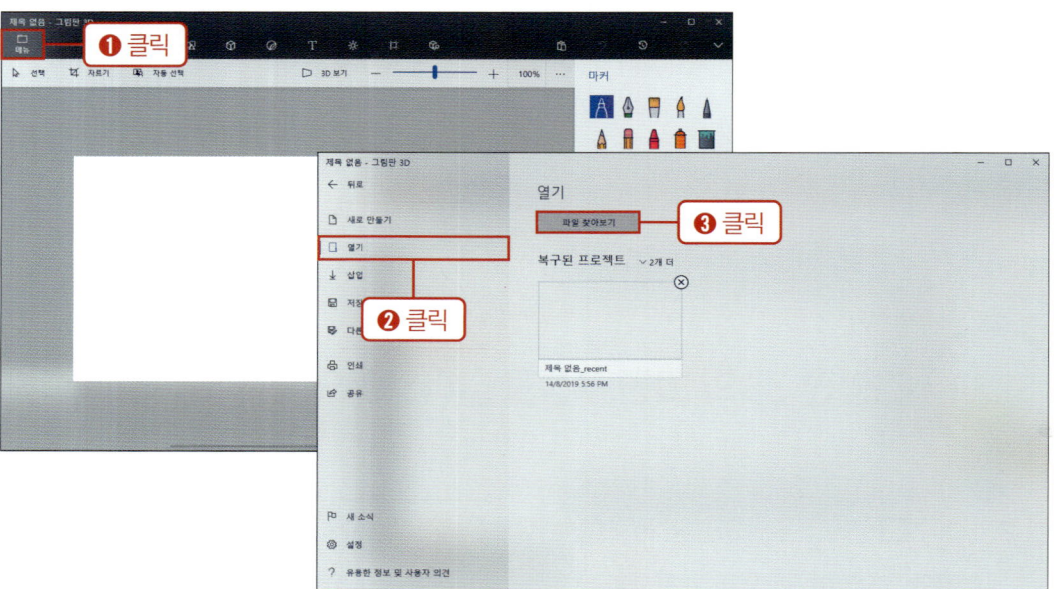

② 괴물 캐릭터를 회전시켜 봅니다.
  ❶ [선택] 도구를 클릭한 후 수정할 그림을 선택합니다.
  ❷ 오른쪽 회전 단추를 클릭하고 드래그하면 그림을 회전시킬 수 있습니다.
  ❸ 크기 조절점을 이용하여 캐릭터의 몸통을 두껍게 늘려줍니다.

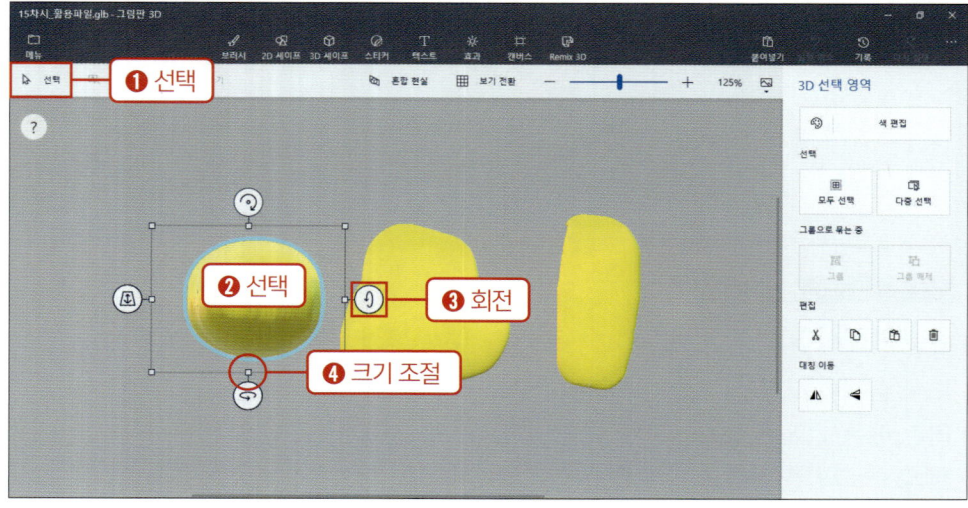

③ 괴물 캐릭터의 색상을 변경해 봅니다.

❶ 색상을 변경할 개체를 선택한 후 [색 편집]을 클릭합니다.
❷ 색상 상자가 나타나면 원하는 색상을 선택합니다.

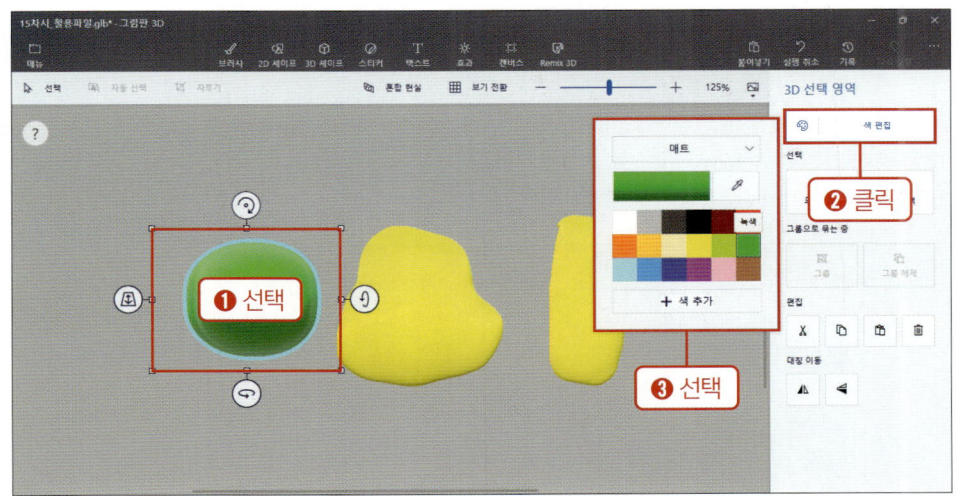

④ 스티커를 이용하여 괴물 캐릭터를 꾸며 봅니다.

❶ 상단 메뉴의 [스티커]를 클릭한 후 '눈' 스티커를 선택합니다.
❷ 스티커를 삽입할 개체를 선택하여 개체에 스티커가 삽입되면 스티커의 크기 조절점을 드래그하여 크기를 조절합니다.
❸ 개체에 스티커를 적용하기 위해 ✓을 클릭합니다.

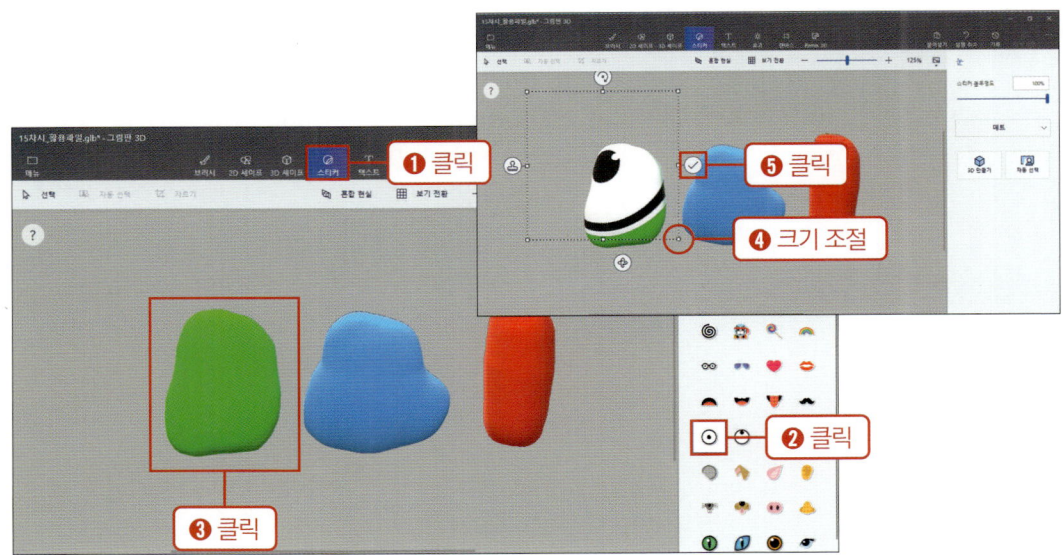

15 · 그림판 3D로 괴물 캐릭터 만들기

 **완성한 3D 괴물 캐릭터를 확인해 보아요.**

① 마우스를 이용하여 완성한 3D 괴물 캐릭터를 확인해 봅니다.

❶ [다른 옵션 보기]-[상호 작용 컨트롤 표시]를 클릭합니다.
❷ 3D 화면으로 작품을 확인하기 위해 [3D 보기]를 클릭합니다.
❸ 마우스를 이용하여 화면을 이동하는 방법을 확인합니다.
❹ 화면을 움직이며 작품을 3D로 확인해 봅니다.

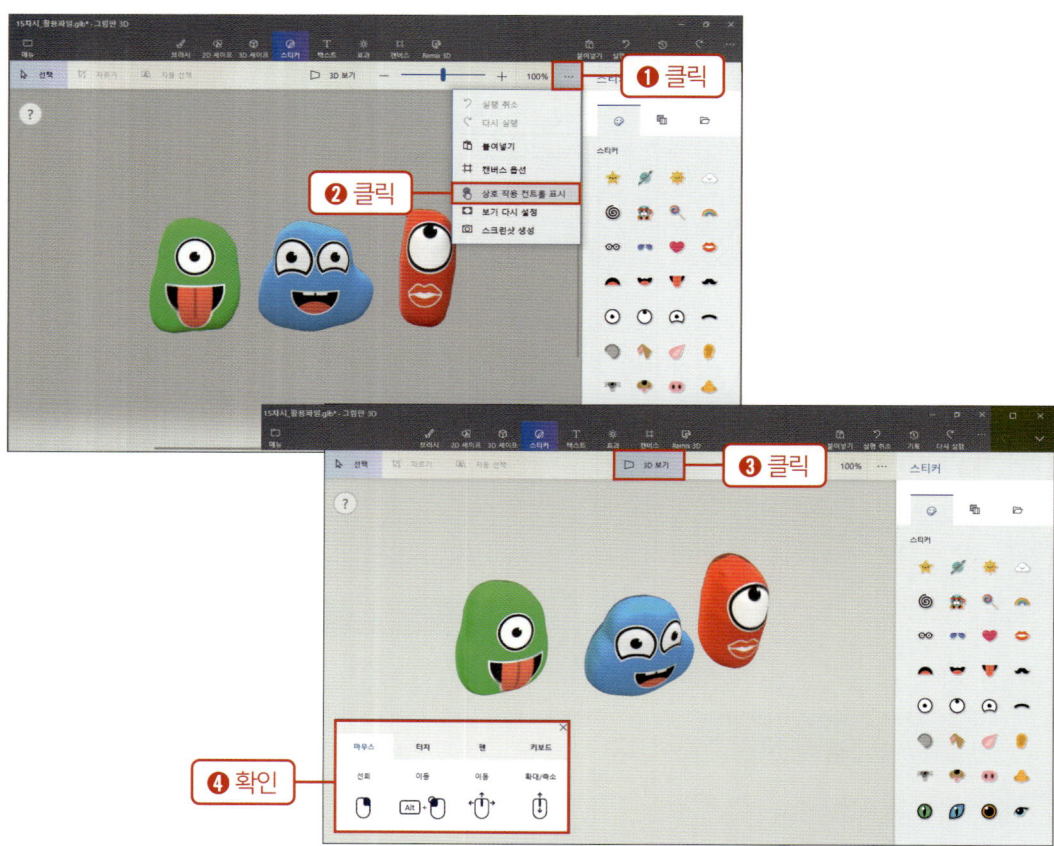

 **미션 4** 배운 내용을 확인해 보아요.

① 괴물 캐릭터를 상하로 회전시키기 위해 사용하는 단추는 무엇일까요?

② 괴물 캐릭터를 꾸미기 위해 사용하는 도구는 무엇일까요?

③ 완성된 이미지를 3D로 확인하기 위해 화면을 이동하는 방법으로 옳은 것은 무엇일까요?

① 키보드의 방향키를 누릅니다.
② 화면을 마우스로 클릭하고 드래그합니다.
③ Alt 를 누르고 화면을 마우스로 드래그합니다.
④ Ctrl 을 누르고 화면을 마우스로 드래그합니다.

15  혼자 할 수 있어요!

01 예제 파일을 불러와 그림과 같이 캐릭터를 꾸며 보세요.

▶ 예제 파일 : 15강_혼자 해보기_1.glb

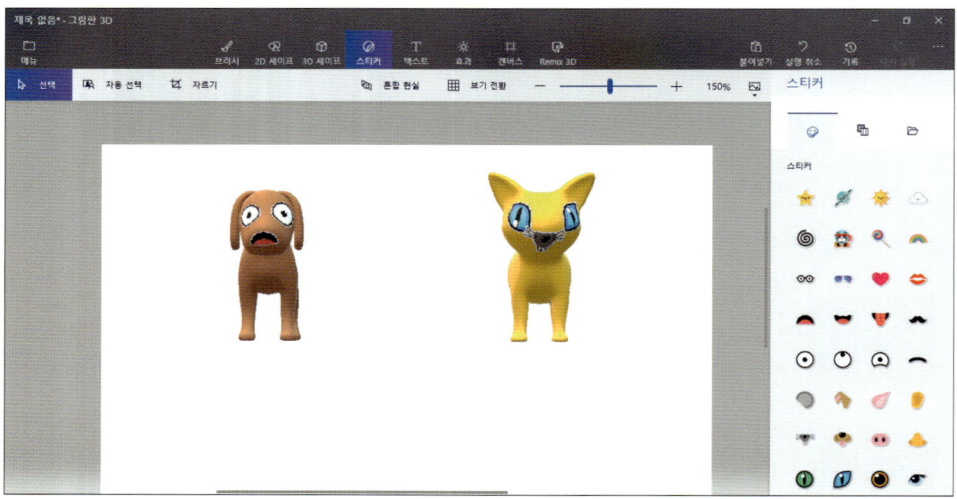

02 예제 파일을 불러와 그림과 같이 캐릭터를 꾸며 보세요.

▶ 예제 파일 : 15강_혼자 해보기_2.glb

16 그림판 3D로 바닷속 꾸미기

- 3D 모델로 바닷속을 꾸며요.
- 캔버스를 지우고 작품을 3D로 저장해요.

미션 1 3D 모델로 바닷속을 꾸며 보아요.

① [시작(■)]-[그림판 3D]를 클릭하여 그림판 3D를 실행한 후 3D 개체를 그려 봅니다.

❶ [3D 셰이프]를 클릭한 후 3D 모델 중 '물고기'를 클릭합니다.
❷ 캔버스에서 마우스를 드래그하여 물고기를 그립니다.

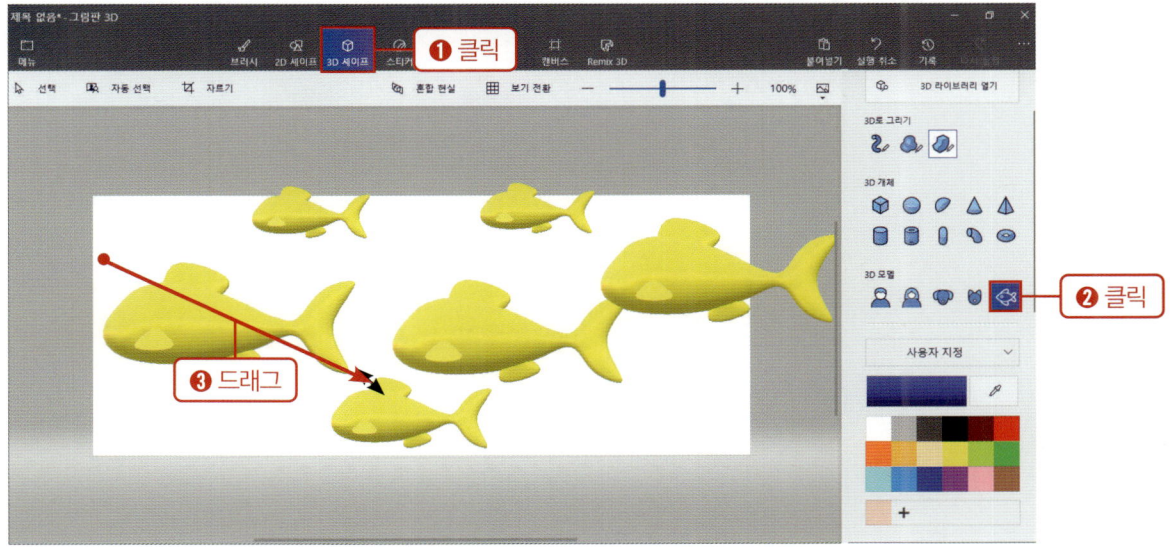

② 개체를 선택한 후 크기 조절점을 드래그하여 개체의 크기를 조절합니다.

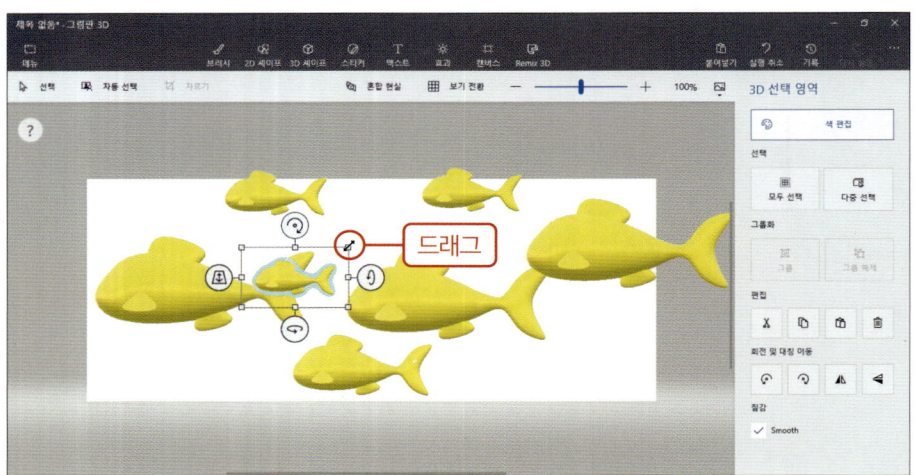

③ 개체를 선택한 후 다양한 방향으로 회전시켜 봅니다.

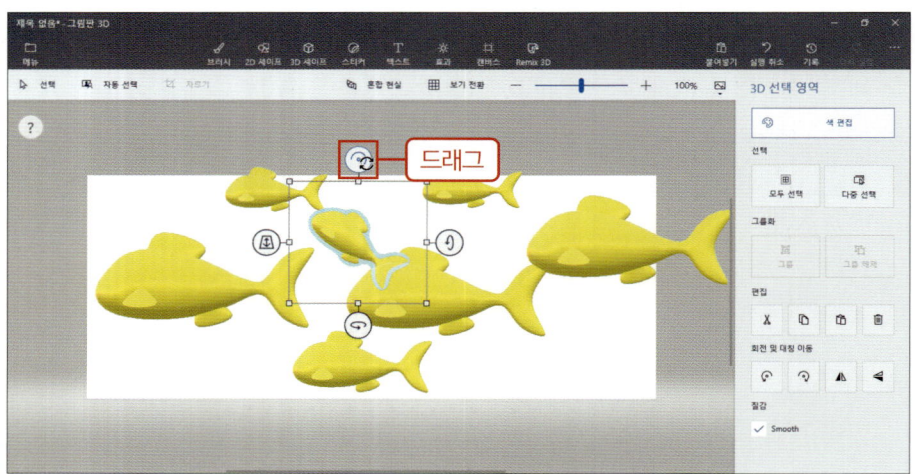

- ⟳ : 개체를 평면 방향으로 360도 회전합니다.
- ⟲ : 개체를 상하 방향으로 360도 회전합니다.
- ⟳ : 개체를 좌우 방향으로 360도 회전합니다.
- ⬍ : 개체를 화면의 앞뒤로 이동합니다.

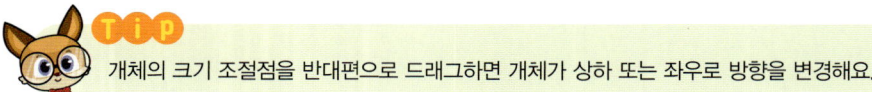
개체의 크기 조절점을 반대편으로 드래그하면 개체가 상하 또는 좌우로 방향을 변경해요.

4 개체의 색상을 변경해 봅니다.

❶ 색상을 변경할 개체를 선택한 후 [색 편집]을 클릭합니다.
❷ 색상 상자가 나타나면 원하는 색상을 선택합니다.

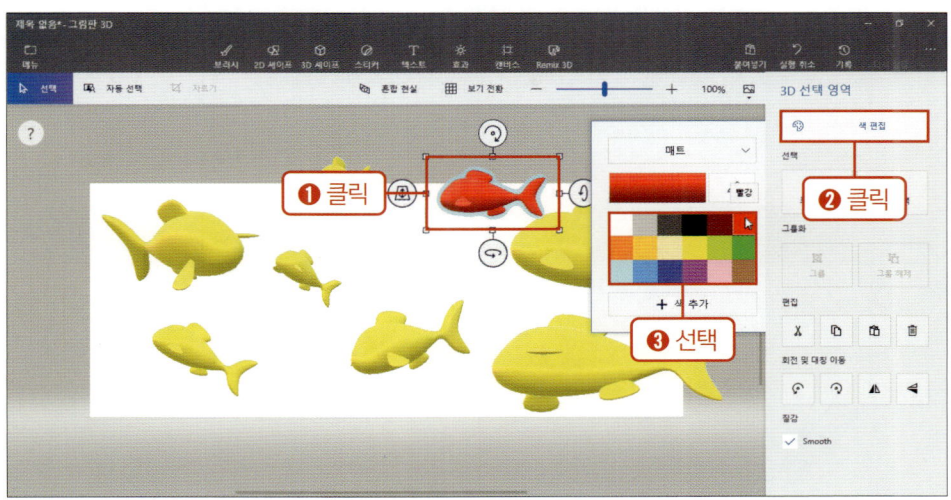

5 스티커를 이용하여 개체를 꾸며 봅니다.

❶ [스티커]를 클릭한 후 원하는 스티커를 선택합니다.
❷ 스티커를 붙여 넣을 개체를 클릭하여 개체에 스티커가 삽입되면 스티커의 크기 조절점을 드래그하여 크기를 조절합니다.

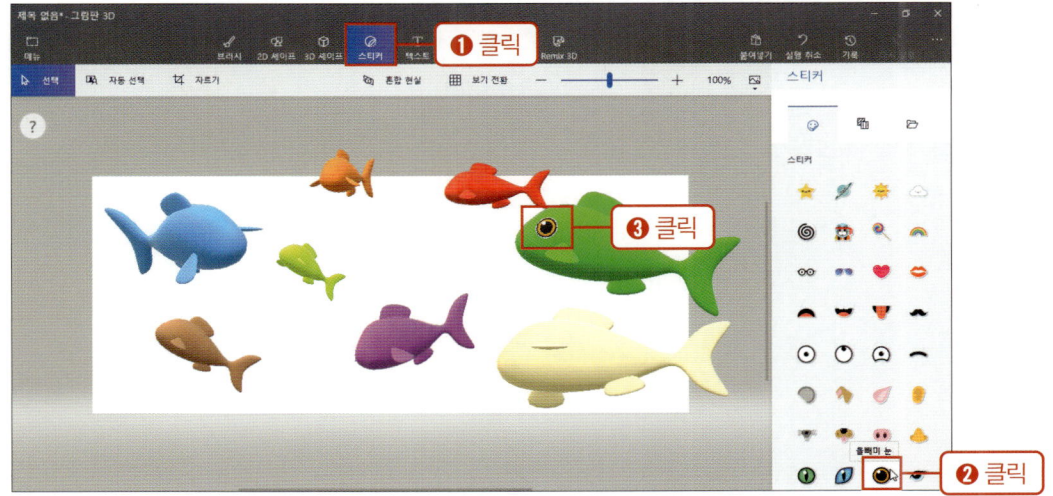

 **캔버스를 지우고 작품을 3D로 저장해 보아요.**

① 캔버스를 지우고 작품을 3D로 확인해 봅니다.

  ❶ [캔버스]를 클릭한 후 [캔버스 표시]를 '끔'으로 변경합니다.
  ❷ 작품을 3D로 확인하기 위해 [3D 보기]를 클릭합니다.
  ❸ 마우스 오른쪽 단추를 클릭한 상태로 드래그하여 작품을 3D로 확인합니다.

② 완성한 작품을 3D 파일로 저장해 봅니다.

  ❶ [메뉴]-[다른 이름으로 저장]-[3D 모델]을 클릭합니다.
  ❷ [다른 이름으로 저장] 대화상자가 나타나면 저장 위치와 파일 이름을 지정한 후 [저장] 단추를 클릭합니다.

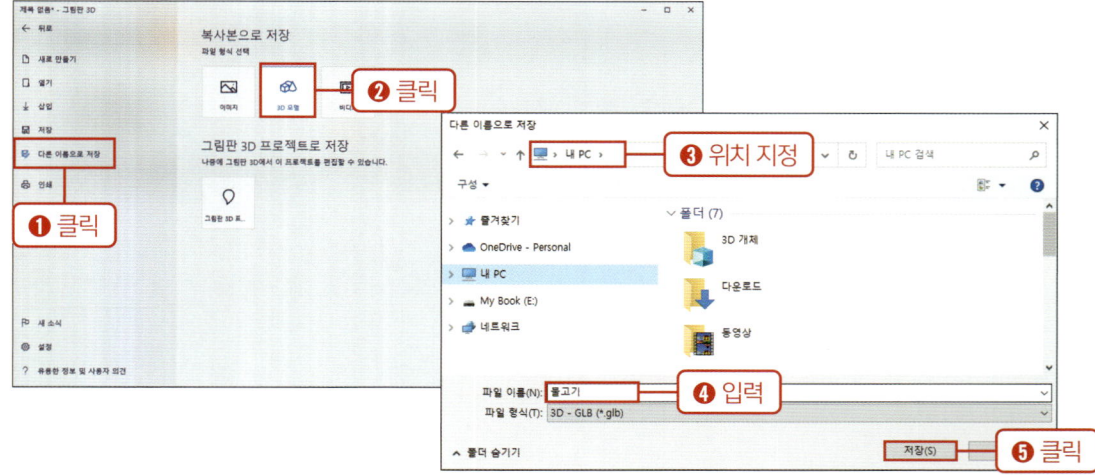

 **배운 내용을 확인해 보아요.**

① 그려 넣은 3D 모델 개체의 위치를 캔버스에서 멀게 이동시키려고 합니다. 이때 사용하는 단추는 무엇일까요?

①  ②

③  ④

② 도구 모음 중 3D 모델을 그리기 위해 사용하는 도구는 무엇일까요?

①  ②

③  ④

③ 화면에 보이는 캔버스를 숨기는 방법으로 옳은 것은 무엇일까요?

① 3D 셰이프 도구 모음에서 3D 모델을 클릭합니다.
② 브러시 도구 모음에서 지우개를 클릭합니다.
③ 스티커 도구 모음에서 스티커를 클릭합니다.
④ 캔버스 도구 모음에서 캔버스 표시를 '끔'으로 변경합니다.

혼자 할 수 있어요!

01 3D 셰이프를 이용하여 그림과 같이 3D 모델을 그려 보세요.

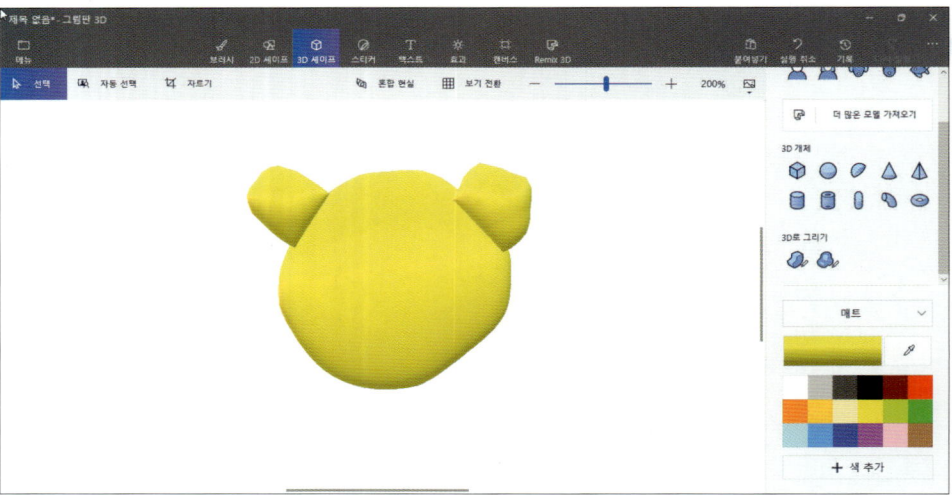

02 색상과 스티커 도구를 이용하여 그린 개체를 꾸며 보세요.

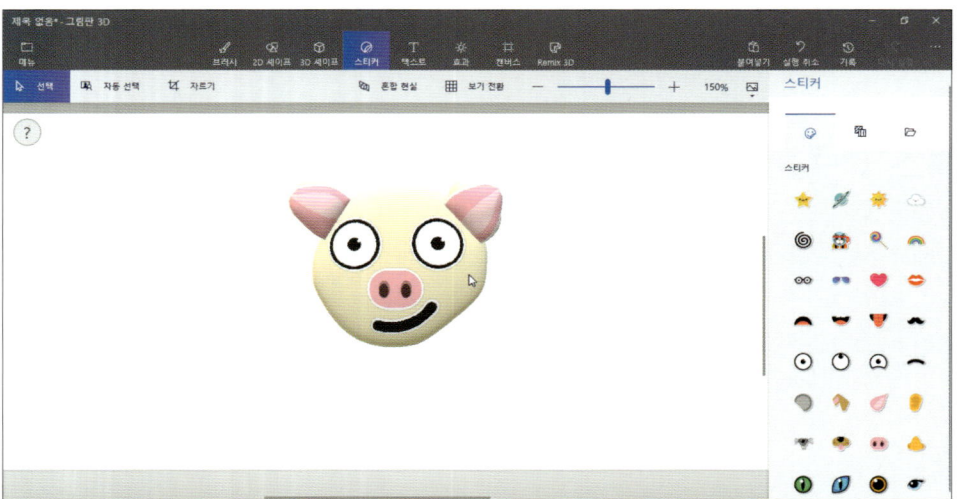

01 메모장에서 별이 반짝반짝 빛나는 문서를 만들어 보세요.

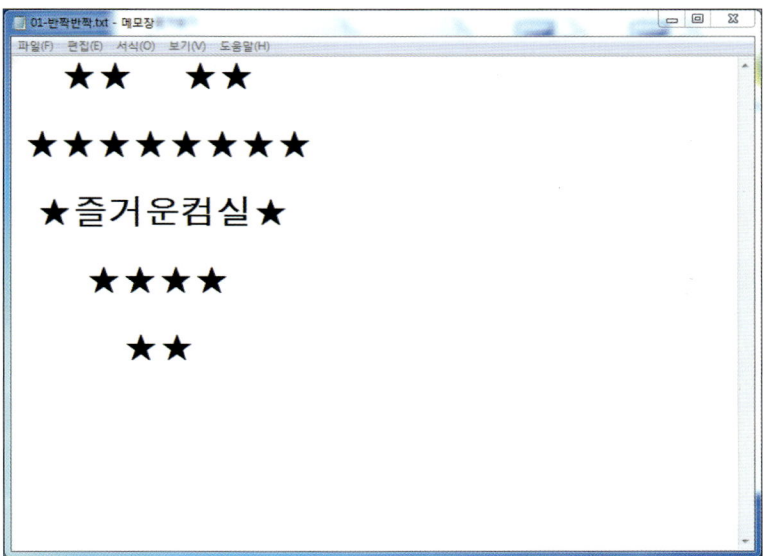

02 메모장에서 세상에 하나뿐인 케이크 문서를 만들어 보세요.

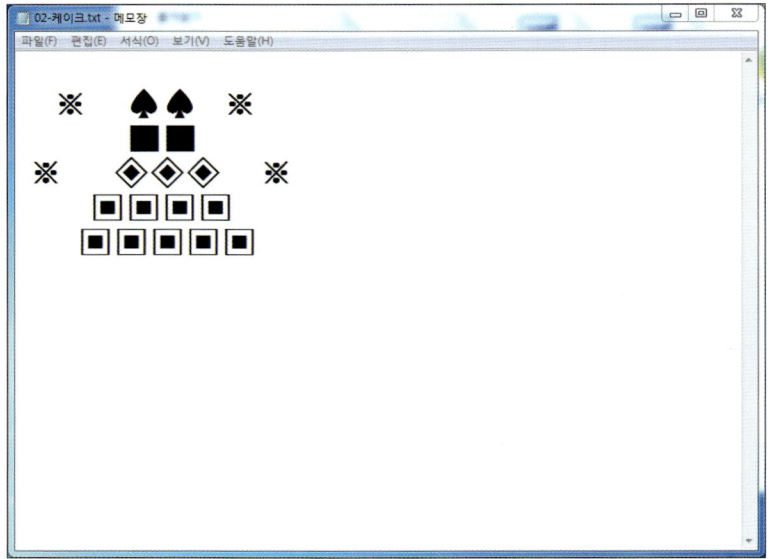

01 워드패드에서 글자 색깔을 바꾸고 그림을 삽입해 보세요.

▶ 예제 파일 : 손씻기.png

02 워드패드에서 글자 색깔을 바꾸고 그림을 삽입해 보세요.

▶ 예제 파일 : 햄버거.jpg

03 솜씨 어때요?

01 그림판을 이용하여 케로로 그림을 그리고 색칠해 보세요.

02 그림판을 이용하여 수박 그림을 그리고 색칠해 보세요.

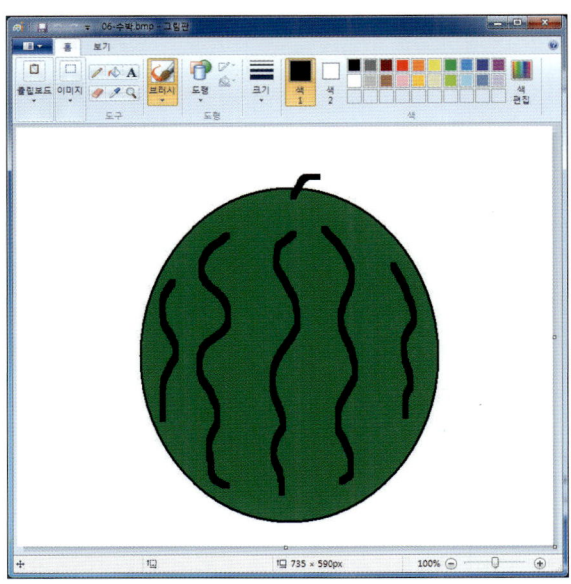

04  솜씨 어때요?

01 그림판을 이용하여 움직이는 기차를 그리고 색칠해 보세요.

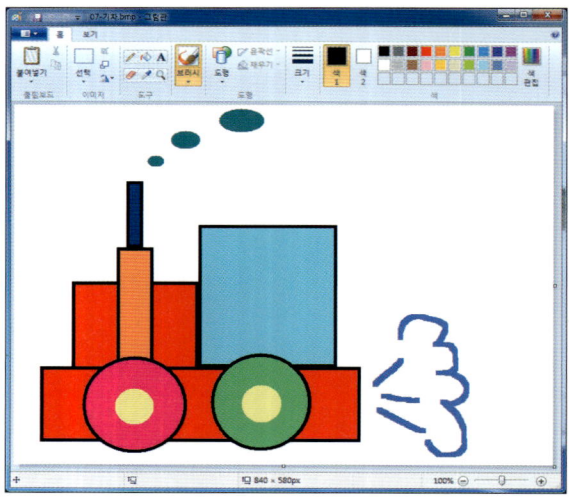

02 그림판을 이용하여 재미있는 그림을 그리고 색칠해 보세요.

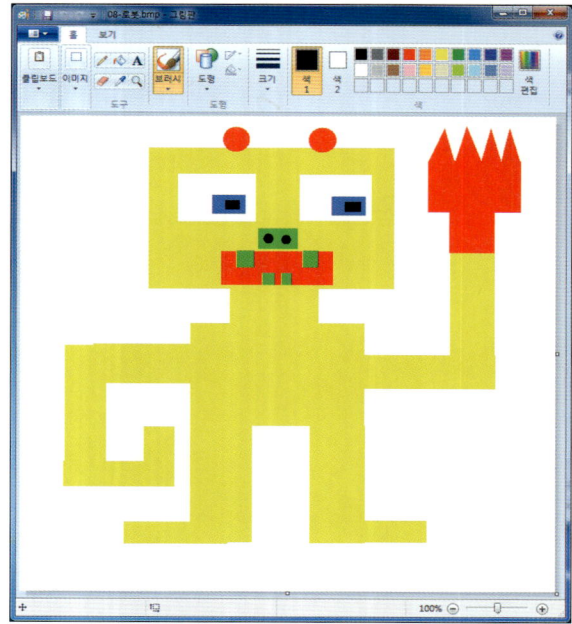

교과서 발행부수 1위 기업 '미래엔' Mirae N

우리 아이 속도로 가는
상위권 도달 솔루션

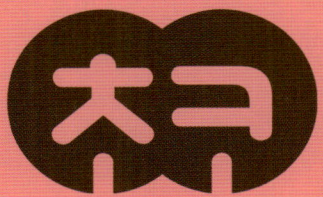

초등이면 초코하는거야~
초등학습, 진실의 앱으로

뭐해~ 얼른 엄마한테
얘기하고 초코해~

| 오늘 학습, 놓친 학습으로 전 과목 핵심 학습 | + | 영역별/수준별 과목 전문 학습 |

㈜미래엔이 만든 초등 전과목 온라인 학습 플랫폼 <초코>

무약정
기간 약정, 기기 약정 없이
학습 기간을 내 마음대로

모든 기기 학습 가능
내가 가지고 있는
스마트 기기로 언제 어디서나

부담 없는 교육비
교육비 부담 줄이고
초등 전 과목 학습 가능

2311S3hnF

미래엔 에듀파트너 고객 대상 특별 혜택
회원 가입 시 코드를 입력하시면 **1,000포인트**를 드립니다.

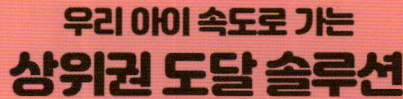

우리 아이 속도로 가는
상위권 도달 솔루션

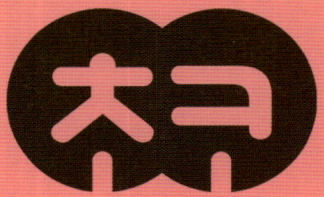

초등이면 초코하는거야~
초등학습, 진실의 앱으로

뭐해~ 얼른 엄마한테
얘기하고 초코해

오늘 학습, 놓친 학습으로 전 과목 핵심 학습	+	영역별/수준별 과목 전문 학습

㈜미래엔이 만든 초등 전과목 온라인 학습 플랫폼 <초코>

 무약정
기간 약정, 기기 약정 없이
학습 기간을 내 마음대로

 모든 기기 학습 가능
내가 가지고 있는
스마트 기기로 언제 어디서나

 부담 없는 교육비
교육비 부담 줄이고
초등 전 과목 학습 가능

미래엔 에듀파트너 고객 대상 특별 혜택
회원 가입 시 코드를 입력하시면 **1,000포인트**를 드립니다.